Trungpa · Spiritueller Materialismus

Tschögyam Trungpa

Spiritueller Materialismus

Vom wahren geistigen Weg

Herausgegeben von John Baker und Marvin Casper

Illustrationen von Glen Eddy

Aurum Verlag · Freiburg im Breisgau

Der Titel der bei Shambhala Publications, Inc., Berkeley,
erschienenen amerikanischen Originalausgabe lautet:
»CUTTING THROUGH SPIRITUAL MATERIALISM«.
Die deutsche Übersetzung besorgte Guenther Thaer.

1975
ISBN 3 591 00005 1

Published by arrangement with Shambala Publications, Inc.,
2045 Francisco Street, Berkeley, California 94709, USA.

Gesamtherstellung: Druckerei und Verlagsanstalt Konstanz Am Fischmarkt
Printed in Germany

Chokyi-lodrö Marpa
Vater der Kagyü-Linie
gewidmet

Einführung

Die Reihe hier aufgezeichneter Vorträge wurde im Herbst 1971 und im Frühjahr 1972 in Boulder, Colorado, gehalten. Zu dieser Zeit waren wir im Begriff, dort unser Meditationszentrum Karma Dzong zu errichten. Obschon die meisten meiner Studenten in ihrem Bestreben, den spirituellen Pfad zu wandern, aufrichtig waren, brachten sie ein gut Teil Verwirrung, Mißverständnis und Erwartung hierzu mit. Ich fand es daher notwendig, ihnen zunächst diesen Weg überschaubar zu machen und einige Warnungen vor seinen möglichen Gefahren auszusprechen.

Es scheint mir nun, daß die Veröffentlichung dieser Vorträge auch für andere, die an spirituellen Disziplinen Interesse finden, von Vorteil sein könnte. Den spirituellen Pfad sinnvoll zu wandern, ist ein sehr sublimes Unterfangen, nichts, das man ganz naiv beginnen kann. Es öffnen sich viele Irrwege, die zu einer verzerrten, egozentrischen Version von Spiritualität führen. Wir selbst können uns glauben machen, daß wir uns spirituell entwickelten, während wir in der Tat nur durch spirituelle Techniken unsere Egozentrizität erhöhen. Solch grundlegender Irrtum ist es, den wir hier als *spirituellen Materialismus* bezeichnen.

Meine Ausführungen werden zunächst aufzeigen, in welch vielfältiger Weise man sich in diesem Netz durch Selbsttäuschung verfangen kann, und dann in großen Umrissen ein Bild des echten geistigen Weges entwerfen.

Meine Darstellung interpretiert hier den klassischen Buddhismus – nicht im formalen Sinne, wohl aber darin, daß sie das Wesentliche in der buddhistischen Auffassung von Spiritualität erklärt. Obschon der Buddhismus nicht theistisch ist, widerspricht er doch keineswegs den theistischen Systemen. Er unterscheidet sich eher in Methode und Akzent von ihnen. Die Grundprobleme des geistigen Materialismus sind nämlich in allen Disziplinen gleich. Die buddhistische Sicht geht von Verworrenheit und Leiden in unserem Dasein aus und trachtet danach, deren Ursprung zu entdecken. Die theistische Sicht, ausgehend von

Gottes Herrlichkeit, ist bestrebt, mit dem erwachenden Bewußtsein Gottes Gegenwart zu erleben. Da aber unsere Irrtümer und Verneinungen die Hindernisse an einer Verbindung mit Gott sind, müssen sich auch die theistischen Systeme mit ihnen beschäftigen. Geistiger Hochmut, zum Beispiel, ist in den theistischen Systemen ein ebensolches Problem wie im Buddhismus.

In buddhistischer Tradition meint der spirituelle Pfad ein Durchbrechen unserer verwirrenden Selbsttäuschung und zugleich ein Enthüllen des erweckten Geistes. Wenn dieser erweckte Geist vom Ego und den ihm anhaftenden Wahnvorstellungen bedrängt wird, nimmt er die Eigenschaften eines zugrundeliegenden Instinktes an. So kommt es also nicht darauf an, ihn selbst zu entwickeln, sondern eher die Verworrenheit niederzubrennen, die ihn verhindert. Im Vorgang dieses Niederbrennens erleben wir die Erleuchtung. Verliefe der Prozeß anders, so würde der erweckte Geist ein Produkt sein, das von Ursache und Wirkung abhängig ist und somit der Vergänglichkeit unterliegt. Alles Geschaffene muß früher oder später vergehen. Wenn Erleuchtung so beschaffen wäre, bestünde für das Ego immer wieder die Möglichkeit, sich einzudrängen und in den Zustand der Verwirrung zurückzufallen. Erleuchtung ist von Beständigkeit, denn wir haben sie nicht geschaffen; wir haben sie nur entdeckt. In der buddhistischen Überlieferung wird das Auftauchen der Sonne aus den Wolken oft als Analogie benutzt, um das Entdecken der Erleuchtung zu erklären. In der Meditationsübung klären und beseitigen wir die vom Ego ausgehende Verdunkelung, um einen Schein der Erweckung zu erhaschen. Die Beseitigung von Unwissen, innerer Bedrängnis und Wahnvorstellungen eröffnet uns einen überwältigenden Blick aufs Leben. Man entdeckt einen neuen Weg zum Sein.

Das Kennzeichnende an unserer Verwirrung ist, daß man ein Gefühl von »Selbst« hat, das einem konkret und beständig erscheint. Wenn ein Gedanke, eine Empfindung oder ein Ereignis auftaucht, vermeint man, sich dessen bewußt zu sein, was vor sich geht. Du meinst, daß *Du* diese Worte liest. Dieses Gefühl vom »Selbst« ist tatsächlich nur ein flüchtiges Empfinden, während es in unserer Unwissenheit durchaus konkret erscheint. Da wir nun in unserer getrübten Sicht das Vorgetäuschte als wirklich ansehen, trachten wir mit allen Mitteln, dieses »Selbst« zu bewahren und zu intensivieren. Wir suchen es mit Lustgefühlen zu nähren und vor Schmerzen zu bewahren. Die Erfahrung droht ständig, unsere Vergänglichkeit zu enthüllen; deshalb bemühen wir uns fortgesetzt, alles zu unterdrücken, was unseren wirklichen Zustand erkennen ließe. »Aber«, so könnte man fragen, »wenn unser wirklicher Zustand ein erweckter ist, warum vermeiden wir so angelegentlich, dessen gewahr zu werden?« Deshalb, weil wir in unserem verwirrten Weltbild so absorbiert sind, daß wir es als real empfinden und für die einzig mögliche Welt ansehen. Dieser Kampf, uns die Vorstellung von einem konkreten und beständigen Selbst zu erhalten, ist eine Aktion des Ego.

Dem Ego jedoch gelingt es nur beschränkt, uns vor Pein zu schützen. Es ist daher die Unzufriedenheit, die sein Bemühen mit sich bringt und uns veranlaßt, unser Tun einer näheren Prüfung zu unterziehen. Da sich in unserem Selbstbewußtsein häufig Spalten auftun, ist Einsicht zu einem gewissen Grad möglich.

Eine interessante Metapher im tibetischen Buddhismus zur Beschreibung des Wirkens des Ego ist die von den »Drei Herren des Materialismus«: der »Herr der Form«, der »Herr der Sprache« und der »Herr des Geistes«. In der nun folgenden Erörterung dieser Metapher beziehen sich die Begriffe »Materialismus« und »Neurotik« auf die Aktion des Ego.

Der »Herr der Form« ist Symbol für die neurotische Suche nach physischer Bequemlichkeit, Sicherheit und Genußsucht. Unsere hochorganisierte und technologisierte Gesellschaft spiegelt unseren Hang wider, durch Manipulation unserer physischen Umwelt uns selbst davor zu schützen, durch schroffe, widrige und unvorhergesehene Lebensaspekte irritiert zu werden. Automatische Fahrstühle, fertig abgepacktes Fleisch, Klimaanlagen, Beerdigungskulte, Pensionsvorsorgeprogramme, Massenproduktion, Wettersatelliten, Bulldozer, Fernsehapparate usw. – alles dies sind Versuche, eine beherrschbare, sichere, komplikationslose und erfreuliche Welt zu schaffen.

Der »Herr der Form« ist an sich nicht identisch mit der reichen und gesicherten Lebenssituation, die wir uns schaffen. Eher ist er Sinnbild für den neurotischen Hang, der uns treibt, sie zu kreieren; für den Versuch, die Natur zu beherrschen. Es ist des Egos Ehrgeiz, sich durch Fernhalten aller Ärgernisse selbst abzusichern. So klammern wir uns an unsere Vergnügungen und Besitztümer, fürchten Wechsel und uns aufgezwungene Änderungen und versuchen, uns ein Nest oder einen Spielplatz zu schaffen.

Der »Herr der Sprache« versinnbildlicht den in unserer Beziehung zur Welt angewandten Intellekt. Wir benutzen Gruppen von Kategorien, die als Handhabe dienen, um Phänomene zu meistern. Die vollkommensten Produkte dieses Bestrebens sind Ideologien, Systeme von Ideen, die unser Leben rationalisieren, rechtfertigen und gutheißen. Nationalismus, Kommunismus, Existentialismus, Christentum, Buddhismus – sie alle versehen uns mit Identitäten, Gesetzen des Handelns und Deutungen, wie und warum Dinge so geschehen, wie es der Fall ist.

Wiederum ist der Gebrauch des Intellekts an sich nicht der »Herr der Sprache« selbst. Dieser steht nur symbolisch für die Neigung des Ego, alles, was drohend oder irritierend ist, so zu deuten, daß die Drohung neutralisiert oder, vom Gesichtspunkt des Ego aus, in etwas »Positives« umgewandelt wird. Der »Herr der Sprache« greift zu Konzepten als Filter, um uns von direkter Wahrnehmung des Seienden abzuschirmen. Diese Begriffe werden zu ernst genommen; sie werden als Werkzeug benutzt, unsere Welt und uns selbst zu materialisieren. Wenn eine Welt benennbarer Dinge existiert, dann existiert auch das »Ich« als ein benennbares Ding. Wir wollen keinen Raum lassen für bedrohliche Zweifel, Ungewißheit oder Verwirrung.

Der »Herr des Geistes« ist Symbol für das Bestreben des Bewußtseins, seiner selbst gewahr zu bleiben. Er herrscht, wenn wir spirituelle und psychologische Methoden anwenden, um unser Selbst-Bewußtsein zu erhalten. Drogen, Yoga, Gebete, Meditationen, Trance, verschiedene Psychotherapien – alle diese Mittel können zu diesem Zweck eingesetzt werden.

Das Ego ist fähig, alles für den eigenen Gebrauch umzuwerten, sogar Spiritualität. Wenn wir zum Beispiel in der spirituellen Übung eine besonders zusagende Meditationstechnik erlernt haben, ist es des Egos Gepflogenheit, diese zunächst als ein faszinierendes Objekt zu betrachten, und dann, sie zu untersuchen. Da das Ego aber konkret erscheint und letztlich nicht fähig ist, etwas in sich aufzunehmen, bleibt ihm nur die Gebärde. So versucht es, die Praxis der Meditation und den meditativen Lebensweg also nachzuahmen. Wenn wir alle Tricks und Antworten im spirituellen Spiel erlernt haben, begnügen wir uns unwillkürlich damit, Spiritualität zu imitieren. Ein echtes Einbezogensein würde eine völlige Ausmerzung des Ego fordern, und das ist faktisch das Letzte, was wir uns wünschen. Wir vermögen jedoch nichts zu erleben, was wir zu imitieren versuchen; wir können nur in den Grenzen unseres Ego einen Platz finden, der dem identisch zu sein scheint. Das Ego übersetzt alles in die Sprache seiner ihm eigenen Qualitäten und fühlt sich bestätigt und erregt, wenn ihm eine solche Einordnung gelungen ist. Zumindest hat es etwas Wirkliches zuwege gebracht, eine Bestätigung seiner eigenen Individualität.

Falls uns aber die Erhaltung unseres Selbstbewußtseins mit Hilfe spiritueller Techniken gelingt, dann wird eine echte spirituelle Entwicklung höchst unwahrscheinlich. Unsere Denk-Gewohnheiten werden so vorherrschen, daß sie kaum noch zu überwinden sind. Wir mögen es darin sogar so weit bringen, daß wir den total dämonischen Status von »Ich-heit« erlangen.

Obschon der »Herr des Geistes« in der Unterwanderung der Spiritualität am machtvollsten ist, vermögen auch die beiden anderen, die spirituelle Praxis zu beherrschen. Rückkehr zur Natur, Eremitentum, Umgang mit einfachen, stillen Menschen – all dies bietet eine Möglichkeit, sich selbst vor der Unbill des Lebens zu schützen und kann sehr wohl ein Ausdruck des »Herrn der Form« sein. Auch die Religion mag uns mit einer Rationalisierung aushelfen, um uns ein sicheres Nest, ein einfaches, aber bequemes Heim zu schaffen und um einen liebenswerten Lebensgenossen oder eine Anstellung zu finden.

Der »Herr der Sprache« ist in unser spirituelles Tun ebenso miteinbezogen. Auf unserem Pfad werden wir vielleicht an die Stelle unserer früheren Glaubensanschauungen eine neue religiöse Idee setzen, jedoch fortfahren, sie in der alten, neurotischen Weise auszulegen. So sublim jedoch unsere Ideen auch sein mögen, wenn wir sie zu ernst nehmen und mit ihnen unser Ego erhalten, bleiben wir immer noch dem »Herrn der Sprache« hörig.

Unterzögen wir unsere Handlungen einmal einer Prüfung, so würden die meisten von uns wohl zugeben, daß wir von einem oder mehreren der »Drei Herren« beherrscht sind. »Aber«, so könnten wir fragen, »was tut's? Dies ist einfach eine Unabwendbarkeit im menschlichen Dasein.« Ja, wir wissen, daß unsere Technologie nicht vor Krieg, Verbrechen, Krankheit, wirtschaftlicher Unsicherheit, mühevoller Arbeit, Alter und Tod schützen kann; ebensowenig wie unsere Ideologien uns vor Zweifel, Unsicherheit, Verwirrung und Fehlsteuerung bewahren. Auch kann keine Therapie uns vor der Flüchtigkeit eines hohen Bewußtseins-Zustandes schützen, den wir zeitweise vielleicht erlangen, oder vor der bedrückenden Enttäuschung, die darauf folgt. Aber was sonst bleibt uns zu tun? Die »Drei Herren« scheinen zu machtvoll, um sie zu stürzen, und wir wissen nicht einmal, wie sie zu ersetzen wären.

Buddha, von diesen Fragen gequält, begann eine methodische Untersuchung der Grundsätze, nach denen die »Drei Herren« regieren. Er fragte sich, weshalb unser Geist ihnen so willig folgt und ob es nicht einen anderen Weg für uns gäbe. Und er entdeckte, daß sie uns durch Schaffung der ungeheuerlichen Mythe verführen – daß wir konkrete Wesen seien! Diese Mythe aber ist von Grund auf falsch, ein großer Schwindel, ein gigantischer Betrug, und hier liegt die Wurzel unseres Leidens. Um zu dieser Erkenntnis zu kommen, hatte er geschickt geplante Abwehrmechanismen zu durchbrechen, die die »Drei Herren« errichtet haben, um ihre verblendete Gefolgschaft zu hindern, diese fundamentale Täuschung, die die Quelle ihrer Macht ist, zu durchschauen. Nicht anders können auch wir selbst uns aus ihren Fängen befreien, als daß wir Schicht um Schicht ihr Abwehrsystem abbauen.

Dieser Abwehrschutz ist aus dem sublimen Stoff unseres eigenen Geistes geschaffen und wird von den »Herren« dazu benutzt, in uns die Mythe von einem konkreten Dasein aufrechtzuerhalten. Um selbst zu erfahren, wie sich dieser Prozeß vollzieht, müssen wir unsere Erfahrungen überprüfen. »Aber wie sollen wir das zuwege bringen?«, mögen wir fragen. »Welcher Methode oder welchem Prinzip haben wir hierbei zu folgen?« Die Methode, die Buddha entdeckte, heißt Meditation! Er fand heraus, daß all seine Bemühungen, Antwort zu finden, nichts fruchteten. Nur durch Unterbrechungen in diesen Bemühungen geschah es, daß die Einsicht zu ihm kam. Da begann er zu erkennen, daß ein echtes, waches Gefühl in ihm lebte, das sich nur beim Fehlen jeglichen Zwanges offenbarte. So setzt also jede Meditationsübung ein völliges »Sich-Hingeben« voraus.

Hinsichtlich der Meditation gibt es eine Reihe von Mißdeutungen. Manche sehen in ihr einen tranceartigen Zustand, andere stellen sie sich als Training, als eine Art gedanklicher Gymnastik vor. Aber Meditation ist keines von beiden, obschon es zu ihr gehört, sich mit den neurotischen Formen des Geistes auseinanderzusetzen; denn mit dem neurotischen Geisteszustand fertigzuwerden, ist weder schwierig noch unmöglich. In ihm manifestieren sich Kraft und Bewegung, die einem bestimmten Muster folgen. Die Praxis der Meditation versucht, sich mit ihrem »Sich-Hingeben« in dieses Muster von Energie und Bewegung einzublenden. Auf diese Weise lernen wir, die Gegebenheiten abzuschätzen und mit ihnen umzugehen. Nicht, um sie unserem Wunsch entsprechend zu lenken, sondern im Verständnis für das, was sie sind, in ihrem Muster mitwirkend.

In einer Geschichte über Buddha wird erzählt, wie er einst einen berühmten Zitherspieler lehrte, der Meditation zu studieren wünschte. Der Musiker fragte: »Soll ich meinen Geist zügeln oder ihn völlig freilassen?« Buddha antwortete: »Da du ein großer Musiker bist, sage mir, wie würdest du die Saiten deines Instruments stimmen?« Der Musiker sagte: »Ich würde sie weder zu fest noch zu locker spannen.« »Ebenso«, erwiderte Buddha, »sollst du in deiner Meditationsübung deinem Geist weder etwas aufzuzwingen versuchen noch ihn wandern zu lassen.« Das ist die Lehre, den Geist einfach »sein« zu lassen, den Energiestrom zu fühlen, ohne ihn zu unterdrücken oder aus der Kontrolle zu entlassen, und so dem Energiemuster des Geistes zu folgen. Dies ist die Praxis der Meditation.

Diese Anweisung ist notwendigerweise allgemein gehalten, denn unsere Art zu denken, unsere begriffsgebundene Auffassung vom Leben ist entweder zu geschäftig bemüht, sich selbst der Welt aufzuzwingen oder läuft völlig unkontrolliert mit uns davon. Darum muß die Meditationspraxis bei der obersten Schicht unseres Ego ansetzen, bei den abschweifenden Gedanken, die uns ständig durch den Kopf gehen, unserem gedanklichen Geschwätz. Die »Herren« benutzen diese gedankliche Rastlosigkeit als erste Abwehrlinie, wie Bauern in einem Schachspiel, um uns zu täuschen. Je mehr Gedanken wir erzeugen, um so geschäftiger sind wir geistig und um so überzeugter von unserer Existenz. Kein Wunder, daß die »Herren« darauf aus sind, solches Denken ständig zu aktivieren, um so durch das dauernde Übereinandergreifen von Gedanken jede Sicht über sie hinaus zu verdecken. Wahrer Meditation ist das Bestreben fremd, Gedanken aufzurühren, aber ebenso fremd ist ihr, sie zu unterdrücken. Es ist ihnen lediglich erlaubt, spontan und in gesunder Vernunft verankert aufzutreten. So werden sie zum Ausdruck für Exaktheit und Klarheit des erweckten Geistes.

Wenn die Strategie sich ständig erzeugender und überschneidender Gedanken als solche erkannt ist, greifen die »Herren« zu Emotionen, um uns abzulenken. Die erregende, bunte und dramatische Qualität der Empfindungen nimmt unsere Aufmerksamkeit so gefangen, als ob wir einen fesselnden Film sähen. In der Meditationspraxis ermutigen wir Emotionen nicht gerade, unterdrücken sie aber auch nicht. Wir durchschauen sie klar, und indem wir ihnen erlauben, genauso zu sein, wie sie sind, lassen wir nicht länger zu, daß sie uns zur Unterhaltung oder Ablenkung dienen. So werden wir zur unerschöpflichen Energiequelle, die alle egolosen Aktionen erfüllt.

Sind Gedanken und Empfindungen ausgeschaltet, so wenden die »Herren« eine noch mächtigere Waffe an: Begriffe. Begriffliche Einordnung von Phänomenen erweckt das Gefühl einer konkreten, bestimmten Umwelt von »Dingen«. Solch eine festgefügte Welt macht uns sicher, daß auch wir ein konkretes Ding und von Bestand sind. Die Welt existiert, darum existiere auch ich, der Betrachter dieser Welt. In der Meditation werden wir der Durchsichtigkeit aller Begriffe gewahr, so daß solche Eingruppierung nicht länger dazu taugt, unsere Welt und unsere Vorstellung von uns selbst zu untermauern.

Bei der Erforschung seiner eigenen Gedanken, Gefühle, Vorstellungen und anderer geistiger Aktivitäten entdeckte Buddha, daß unser

Ringen um den Beweis unserer Existenz überflüssig ist, daß wir nicht notwendig Marionetten der »Drei Herren des Materialismus« zu sein brauchen. Wir haben es nicht nötig, uns frei zu kämpfen; das Fehlen von Widerstand ist Freiheit in sich. Dieser egolose Zustand bedeutet das Erlangen der Buddhaschaft. Der Vorgang einer Umwandlung des materiellen Geistes vom Ego-Ehrgeiz zu geistiger Klarheit und Erleuchtung durch meditative Praxis – das ist es, was man als den wahren spirituellen Pfad bezeichnen kann.

Geistiger Materialismus

Wir haben uns hier zusammengefunden, um etwas über Spiritualität zu erfahren. Ich glaube an den echten Wert solchen Suchens, aber wir müssen die Absicht dahinter erkennen. Das Problem ist, daß das Ego alles eigenen Zwecken dienstbar machen kann, sogar Spiritualität. Es versucht ständig, die Einsichten der Spiritualität zu seinem eigenen Vorteil zu erwerben und anzuwenden. Die Lehren werden als etwas von außen her zu mir Kommendes angesehen, als eine Philosophie, die wir zu imitieren suchen. Im Grunde wünschen wir nicht, uns mit ihnen zu identifizieren oder sie in uns aufzunehmen. Wenn also unser Lehrer vom Abschwören des Ego spricht, versuchen wir, dies vorzutäuschen. Wir agieren in entsprechender Weise, machen die dazugehörigen Gesten, wollen aber nicht ernstlich irgendeinen Teil unserer Lebensart aufgeben. Wir werden zu geschickten Schauspielern, und während wir vor der wahren Bedeutung dieser Lehren den Taubstummen spielen, fühlen wir ein gewisses Behagen, indem wir vorgeben, ihrem Pfad zu folgen.

Wann immer wir eine Diskrepanz oder einen Widerspruch zwischen unserem Handeln und ihren Weisungen spüren, deuten wir die Situation sogleich in einer Weise, die den Konflikt bemäntelt. Der Interpret ist das Ich in der Rolle des spirituellen Ratgebers. Das Ganze ähnelt der Situation in einem Lande, wo Kirche und Staat getrennt sind. Wenn die Staatspolitik sich von der Lehre der Kirche lossagt, reagiert der weltliche Herrscher automatisch mit dem Wunsch an das Oberhaupt der Kirche als spirituellen Ratgeber, ihm seinen Segen zu geben. Der Kirchenfürst konstruiert dann eine Art Rechtfertigung und gibt der Politik seinen Segen unter dem Vorwand, daß der König der Hüter des Glaubens sei. Im Geist des Individuums vollzieht sich dies reibungslos, da das Ego sowohl König wie Haupt der Kirche ist.

Diese rein vernunftgemäße Haltung gegenüber dem geistigen Pfad muß in ihren Aktionen gedrosselt werden, wenn wir zu wahrer Spiritualität gelangen wollen. Es ist jedoch nicht leicht, sie zu überwinden, da man alles durch den Filter der Philosophie und Logik seines Ego sieht, der alles ansprechend, präzis und sehr logisch erscheinen läßt. Für jede Frage versuchen wir, eine sich selbst rechtfertigende Antwort zu finden. Um uns selbst zu beruhigen, streben wir danach, jeden Lebensaspekt, der uns verwirren könnte, in unser intellektuelles Schema einzufügen. Und unser Bemühen ist so ernst und feierlich, so gradlinig und aufrichtig, daß es sich schwerlich verdächtigen läßt. Wir vertrauen stets der »Integrität« unseres spirituellen Ratgebers.

Es spielt dabei keine Rolle, in welcher Weise wir unsere Selbstrechtfertigung finden: in der Weisheit heiliger Bücher, in Diagrammen oder Tabellen, mathematischen Kalkulationen, esoterischen Formeln, buchstabengläubiger Religion, Tiefenpsychologie oder einem anderen Mechanismus. Wann immer wir zu werten beginnen, also zu erwägen, ob wir dies oder jenes tun oder lassen sollten, haben wir unsere Praxis und unser Wissen bereits mit Kategorien verknüpft und eins gegen das andere ausgespielt. Dies ist geistiger Materialismus; es ist die falsche Spiritualität unseres spirituellen Ratgebers. Wann immer wir eine dualistische Vorstellung haben wie etwa: »Ich tue dies, weil ich einen besonderen Bewußtseinszustand, einen bestimmten Seins-Status erreichen möchte«, trennen wir uns automatisch selbst von der Wirklichkeit dessen, was wir sind.

Wenn wir uns nun fragen: »Was ist denn falsch an einer Bewertung und Stellungnahme?«, lautet die Antwort, daß, sobald wir ein sekundäres Urteil fällen (»Ich sollte dies tun und jenes vermeiden«), wir einen Grad von Kompliziertheit erreicht haben, der von dem einfachen Grundzug unseres Wesens nicht mehr zu erfassen ist. Die Einfachheit in der Meditation bezweckt gerade, den Urinstinkt im Ego aufzudecken. Sucht unsere Psychologie darüber hinauszugehen, erstarrt sie zu einer Maske.

Es ist wichtig zu verstehen, daß das Hauptziel jeder spirituellen Praxis darin liegt, die Bürokratie des Ego zu beseitigen. Mit anderen Worten: das ständige Verlangen des Ego nach einer höheren, mehr spirituellen, transzendenteren Version von Wissen, Religion, Tugend, Urteilskraft, Bequemlichkeit oder was immer dieses Ego suchen mag, auszumerzen. Man muß sich von diesem geistigen Materialismus befreien. Wenn wir das nicht erreichen, sondern ihn in Wirklichkeit praktizieren, wären wir möglicherweise bald im Besitz einer riesigen Kollektion »spiritueller Pfade«. Gewiß, vielleicht würden wir uns etwas darauf zugute tun. Wir haben so viel studiert. Wir haben abendländische oder orientalische Philosophie erforscht, Yoga praktiziert oder vielleicht unter Dutzenden von großen Lehrern Einsichten gewonnen. Wir haben gelernt und etwas erreicht. Wir glauben, einen Wissensschatz angesammelt zu haben. Und dennoch, nachdem wir durch all dies hindurch sind, bleibt da ein ungelöster Rest. Das ist höchst mysteriös! Wie könnte das sein? Unmöglich! Aber leider ist es so. Unser Riesenbestand an Wissen und Erfahrung ist eben ein Teil von der Schaustellung des Ego. Wir stellen ihn der Welt zur Schau und bestätigen damit uns selbst, daß wir als »geistige« Menschen auf sicherem Boden stehen.

Im Grunde genommen aber haben wir einfach ein Geschäft eröffnet, einen Antiquitätenladen. Wir könnten uns auf orientalische oder mittelalterliche christliche Antiquitäten oder solche aus irgendeiner anderen Zeit und Kultur spezialisieren, aber nichtsdestotrotz bleibt es ein Geschäft. Ehe wir unseren Laden mit so vielerlei Dingen anfüllten, war es ein wunderschöner Raum: weißgetünchte Wände, schlichter, einfacher Fußboden und mit einer hellbrennenden Deckenlampe. Es stand ein Kunstwerk inmitten des Raumes, und es war strahlend schön. Jeder Eintretende war beeindruckt von seiner Schönheit, und so wir selbst auch.

Aber wir waren damit nicht zufrieden und dachten: »Da dies eine Kunstwerk meinen Raum so ziert, wird er sicher noch schöner wirken, wenn ich mehr Antiquitäten hineinstelle.« So begannen wir also zu sammeln, und das Endergebnis war ein Chaos.

Wir durchforschten die Welt nach erlesenen Objekten – Indien, Japan, eine Vielzahl anderer Länder. Und jedesmal, wenn wir ein antikes Stück fanden – wir befaßten uns ja stets nur mit *einem* Objekt –, glaubten wir, es sei außergewöhnlich und stellten uns vor, wie bildschön es in unserem Laden zur Geltung kommen würde. Wenn wir unseren Fund aber heimbrachten und aufstellten, wurde er nur ein anderes Stück in unserer Trödelsammlung. Er strahlte keine Schönheit mehr aus, weil er ringsum von so viel anderer Schönheit umgeben war. Das Stück hatte seine Bedeutung verloren, und statt eines Raumes voll erlesener Antiquitäten hatten wir einen Kramladen geschaffen!

Richtiges Einkaufen heißt nicht ein Ansammeln von Wissen oder Schönheit, sondern es erfordert die individuelle Bewertung jedes einzelnen Objekts. Das ist sehr wichtig. Wenn du wirklich einen erlesenen Gegenstand bewunderst, dann identifizierst du dich völlig mit ihm und vergißt darüber dich selbst. Es ist wie mit einem faszinierenden Film, bei dem man vergißt, daß man nur Zuschauer ist. In einem solchen Augenblick existiert die Welt nicht. Diese Filmszene umfaßt dein ganzes Sein. Solche Identifikation bedeutet, sich völlig in eine Sache zu versenken. Haben wir dies eine Kunstwerk, diese eine spirituelle Lehre wirklich im Innersten aufgenommen? Oder betrachten wir sie nur als einen Teil unserer immer weiter anwachsenden Sammlung?

Ich messe gerade diesem Punkt besondere Bedeutung bei, weil ich weiß, daß wir alle uns hier zu dieser Lehre und der mit ihr verbundenen Meditation nicht aus materiellen Gründen zusammengefunden haben, sondern von dem Wunsch beseelt, zu lernen und uns selbst weiterzuentwickeln. Wenn wir jedoch Wissen als eine Antiquität, als »uralte Weisheit« betrachten, die man sammeln sollte, dann sind wir auf dem falschen Wege.

Was nun die Generationen der Lehrenden anbetrifft, so wird in ihnen Weisheit nicht wie ein Erbstück weitergereicht. Eher ist es so, daß der Lehrer selbst die innere Wahrheit seiner Lehren erlebt und sie als Inspiration seinem Schüler weitergibt. Diese Inspiration erweckt den Schüler in gleicher Weise, wie sein Lehrer vor ihm erweckt wurde. Und so verläuft der Prozeß durch die Zeiten. Die Lehren selbst aber sind immer zeitentsprechend. Sie sind keine »uralte Weisheit« oder alte Legenden. Sie werden auch nicht als Traktate oder Geschichten überliefert, wie Volkssagen, die Großmutter ihren Enkeln erzählt. Nein, sie entspringen immer aufs neue echtem, zeitnahem Erlebnis.

In den tibetischen Schriften findet sich eine Spruchweisheit: »Wissen muß im Feuer gehämmert und geschlagen werden wie pures Gold. Dann kann man es als ein Schmuckstück tragen.« Wenn du spirituelle Unterweisung aus den Händen eines anderen empfängst, nimmst du sie nicht unkritisch auf, sondern hämmerst und schlägst sie im Feuer, bis die schimmernde, echte Goldfarbe hervorkommt. Dann verarbeitest du sie zu einem Ornament nach deinem Geschmack und legst es dir an. Darum ist *Dharma* jedem Alter und jeder Person zugemessen; es trägt Leben in sich. Es reicht nicht aus, wenn du deinen Meister oder Guru imitierst; du sollst nicht versuchen, eine Kopie deines Lehrers zu werden. Die Lehren sind jeweils begründet in der individuellen und persönlichen Erfahrung.

Vielleicht sind viele meiner Leser vertraut mit den Geschichten von Naropa und Tilopa, Marpa und Milarepa und Gampopa sowie anderen Lehrern aus der Kagyü-Linie. Es war ein lebendiges Erlebnis für jene, und es ist ein lebendiges Erlebnis für den gegenwärtigen Träger dieses Erbgutes. Nur die Einzelheiten ihrer Lebenssituation sind verschieden. Die Lehren erinnern an warmes, frisch gebackenes Brot. Jeder Bäcker muß darum wissen, wie er aus seinem speziellen Teig Brot bäckt. Dann muß er selbst die Frische seines Brotes spüren, muß es frisch anschneiden und warm essen. Er muß sich die allgemeinen Weisungen zu eigen machen und sie dann in die Praxis umsetzen. Das ist ein sehr lebendiger Vorgang, bei dem es keine Selbsttäuschung im Sinne einer reinen Wissensansammlung gibt. Wir müssen unsere eigenen

Erfahrungen sammeln. Wenn wir in Verwirrung geraten, können wir nicht auf unser angehäuftes Wissen zurückgreifen und versuchen, dort Bestätigung oder Trost zu finden: »Der Lehrer und die ganze Lehre sind auf meiner Seite.« Der spirituelle Pfad verläuft nicht in dieser Richtung. Es ist ein einsamer, ganz persönlicher Weg.

F: Haben Sie sich einen bestimmten spirituellen Meister als Guru erwählt, der heute lebt?
A: Zur Zeit habe ich niemanden. Ich ließ meine Gurus und Lehrer physisch in Tibet zurück, aber ihre Lehren kamen mit mir und bleiben mir erhalten.

F: Wem folgen Sie nun mehr oder weniger?
A: Situationen sind die Stimme meines Guru und seine Gegenwart.

F: Nachdem Shakyamuni Buddha Erleuchtung zuteil geworden war, blieb da noch eine Spur von Ego in ihm, so daß er seine Unterweisungen fortsetzen konnte?
A: Das Lehren überkam ihn einfach. Weder hatte er den Wunsch, zu lehren noch nicht zu lehren. Er verbrachte sieben Wochen im Schatten eines Baumes sitzend und am Ufer eines Flusses entlangwandernd. Und dann kam zufällig jemand vorbei, und er begann zu sprechen. Man hat hierin keine Wahl; man ist einfach da, ein offener Mensch. Dann bietet sich die Gelegenheit von selbst, und das Lehren »geschieht«. Das ist es, was man »Buddha-Aktivität« nennt.

F: Es ist schwierig, in bezug auf Spiritualität nicht einen gewissen Erwerbssinn zu entwickeln. Wird dieser Wunsch, etwas zu erwerben, später abgelegt?
A: Du sollst dem ersten Impuls nicht nachgeben. Dein erster Impuls der Spiritualität gegenüber mag dich in eine besondere Lage versetzen; wenn du jedoch aus ihm heraus handelst, wird er langsam verlöschen und in einem bestimmten Stadium langweilig und monoton werden. Dies ist ein nützlicher Hinweis. Du siehst, es ist wesentlich, dich selbst und deine eigene Erfahrung *wirklich* mit einzubeziehen. Wenn man dies unterläßt, wird der spirituelle Pfad gefährlich, wird zu rein äußerlicher Unterhaltung statt zu einem inneren Erlebnis.

F: Wenn man sich entschließt, einen Weg aus seiner Unwissenheit zu suchen, läßt sich beinahe mit Sicherheit voraussagen, daß alles, was man für gut befindet, dem Ego zugute kommen will, in Wirklichkeit jedoch den Pfad blockiert. Alles, was einem richtig erscheint, wird falsch sein. Alles, was man nicht völlig umstülpt, wird einen begraben. Wie kann man dem entgehen?

A: Wenn du eine Handlung vollziehst, die dir richtig erscheint, bedeutet es nicht, daß sie falsch wäre – aus dem einfachen Grund, daß Begriffe wie »richtig« oder »falsch« gar nicht ins Bild gehören. Du betätigst dich weder auf der guten noch auf der schlechten Seite, du arbeitest am Ganzen, jenseits von Gegensätzen. Ich möchte so sagen: Es ist eine umfassende Handlung; es ist keine Teilaktion. Was immer wir jedoch in Verbindung mit Gut oder Böse tun, erscheint nur als Teilaktion.

F: Wenn jemand aus einer tiefen Verwirrung einen Ausweg zu finden versucht, würde er es wahrscheinlich zu hektisch versuchen. Aber wenn man es überhaupt nicht versucht, bedeutet das dann, daß man sich selbst zum besten hält?

A: Ja, aber das besagt nicht, daß man zwischen den Extremen, zu intensiv oder gar nichts zu versuchen, leben muß. Man muß eine Art Mittelweg finden, einem absoluten Gefühl folgen, so zu sein, wie man ist. Wir könnten viele Worte hierüber verlieren, aber dessen bedarf es nicht. Wenn du den Mittelweg wirklich wählen willst, wirst du ihn sehen und auch finden. Du mußt Vertrauen in dich selbst und Zutrauen zu deiner eigenen Intelligenz haben. Wir Menschen sind ungewöhnliche Wesen mit ungeahnten Kräften. Wir müssen nur wir selbst sein. Hilfe von außen gibt es nicht. Wenn du nicht bereit bist, selbst zu wachsen, gerätst du in den selbstzerstörerischen Prozeß der Verwirrung. Und Selbstzerstörung ist die wirksamste Art von Zerstörung.

F: Was ist Glaube? Ist er von Nutzen?

A: Glaube mag einfältig, vertrauensvoll und blind sein oder auf einem unzerstörbaren Vertrauen beruhen. Blinder Glaube ist ohne Inspiration und sehr naiv. Er ist weder als schöpferisch noch unbedingt als destruktiv zu bezeichnen. Schöpferisch kann er deshalb nicht sein, weil du selbst und dein Glaube nie eine echte Verbindung eingegangen seid. Du hast den ganzen Glauben sehr naiv einfach akzeptiert.

Auf Vertrauen gegründeter Glaube hat einen lebendigen Grund. Du erwartest nicht, daß dir in geheimnisvoller Weise eine vorgefertigte Lösung zugeleitet wird. Du begegnest bestehenden Situationen ohne Furcht oder Zweifel an deiner eigenen Einbezogenheit. Diese Haltung ist höchst schöpferisch und positiv. Wenn du unbedingtes Vertrauen hast, bist du deiner selbst so sicher, daß du dich nicht zu kontrollieren brauchst. Du hast *absolutes* Vertrauen und ein echtes Verständnis für das, was vor sich geht. Darum zögerst du auch nicht, anderen Wegen zu folgen oder zu tun, was immer in jeder neuen Situation notwendig ist.

F: Was leitet uns auf diesem Pfad?

A: Es scheint da eigentlich keine besondere Führung zu geben. Tatsächlich wäre es auch verdächtig, wenn jemand dich leitete, weil du dich dann auf eine von außen kommende Einwirkung verließest. Dein eigenes Sein wird dir zur Führung, aber nicht in einem leitenden Sinn, denn du brauchst niemandem zu folgen. Mit anderen Worten, der Führer geht nicht vor dir her, sondern mit dir.

F: Könnten Sie uns etwas mehr darüber sagen, wie Meditation die Schutzmechanismen des Ego unterläuft und beseitigt?

A: Dem protektiven Mechanismus des Ego ist eine Selbstbeobachtung zu eigen, die eine unnötige Kontrolle ausübt. Meditation beruht nicht auf einem Meditieren *über* ein vereinzeltes Objekt vom eigenen Standpunkt aus, sondern bedeutet völlige Identifikation mit jeder Methode, die du anwenden magst. Darum bedarf es in der Praxis der Meditation keiner Selbst-Absicherung.

F: Ich scheine in einer spirituellen Rumpelkammer zu leben. Wie kann ich sie in einen einfachen, schlichten Raum mit *einem* schönen Gegenstand in der Mitte verwandeln?

A: Um eine richtige Einschätzung deiner Kollektion zu gewinnen, mußt du mit einem einzelnen Stück beginnen. Man muß ein Sprungbrett haben, eine Quelle der Eingebung. Vielleicht brauchst du gar nicht alle Gegenstände in deiner Sammlung zu prüfen, wenn du ein bestimmtes Stück daraus studiert hast. Dieses Stück könnte wegleitend sein, unbedeutend wie es an sich auch sein mag. Aber mit einem Gegenstand muß man beginnen, seine Einfachheit sehen, sei es die rohe Qualität eines Trödelstückes oder die Schönheit einer Antiquität. Wenn wir es fertig bringen, mit nur einem einzigen Gegenstand zu beginnen, hätten wir damit bereits das Äquivalent für das eine Objekt in einem sonst leeren Raum. Ich meine, es geht darum, einen Absprung zu finden. Da wir so viele Objekte in unserer Sammlung haben, ist unser Problem in erster Linie, wo wir beginnen sollen. Man muß seinem Instinkt folgen, um jenes erste Stück zu finden.

F: Warum, glauben Sie, wollen Menschen ihr Ego so unbedingt schützen? Warum fällt es so schwer, sein Ego aufzugeben?

A: Die Menschen fürchten sich vor der Leere des Raumes bzw. dem Alleinsein, ohne Schatten zu leben. Es könnte eine schreckliche Erfahrung sein, sich an nichts und niemanden anlehnen zu können. Allein die Idee ist schon sehr beängstigend. Es ist, allgemein gesprochen, eine Furcht vor dem Raum, eine Angst, keinen soliden Ankergrund für uns zu haben, so daß wir unsere Identität als ein konkretes, faßbares Wesen verlieren. Dies könnte zu einer schweren Bedrohung führen.

Selbst-Aufgabe

An diesem Punkt könnte uns die Versuchung überkommen, das ganze Spiel mit dem spirituellen Materialismus aufzugeben und damit aufzuhören, uns verteidigen und vervollkommnen zu wollen. Wir haben schon eine Ahnung von der Vergeblichkeit unseres Kampfes bekommen und möchten vielleicht alle weiteren Bemühungen einer Selbstverteidigung einstellen. Aber wie viele von uns wären dazu wirklich fähig? Es ist nicht so einfach und leicht, wie wir denken. Bis zu welchem Grade könnten wir uns wirklich entspannen und aufschließen? An welchem Punkt würden wir wieder zur Abwehr übergehen?

In dieser Phase nun werden wir die Frage der Selbst-Aufgabe behandeln mit besonderer Bezugnahme auf unseren neurotischen Geisteszustand und die mögliche Zusammenarbeit mit einem Guru oder persönlichen Lehrer. Hingabe an den Guru könnte sowohl ein Sich-Öffnen für Lebenssituationen wie für einen individuellen Lehrer bedeuten. Jedenfalls werden wir mit ziemlicher Sicherheit auch einen persönlichen Guru finden, sofern eigene Inspiration zur Entfaltung unseres Geistes drängt. So wollen wir im folgenden ganz betont über das Verhältnis zu einem persönlichen Lehrer reden.

Eine wesentliche Schwierigkeit in dieser Hingabe an einen Guru liegt in einer Voreingenommenheit ihm gegenüber, in den Erwartungen, die wir an ihn stellen. Wir haben schon Wunschbilder für Erlebnisse, die wir mit ihm haben möchten. »Ich würde gern dies sehen ...; jenes schiene mir am besten ...; ich würde gerne jene besondere Situation erleben, denn es stünde im Einklang mit meinen enthusiastischen Erwartungen.«

So versuchen wir, alles in Schubladen einzuordnen, um jede Situation unserer Erwartung anzupassen und sind nicht bereit, auch nur einen Teil davon aufzugeben. Wenn wir auf der Suche nach einem Guru oder Lehrer sind, dann erwarten wir, einen Heiligen zu finden, der friedfertig und still, einfach und dennoch weise ist. Merken wir dann, daß er unseren Erwartungen nicht entspricht, sind wir enttäuscht und beginnen zu zweifeln.

Um ein echtes Lehrer-Schüler-Verhältnis zu bewirken, ist es nötig, all unsere vorgefaßten Ideen von einer solchen Verbindung zu entlassen. Selbst-Aufgabe bedeutet, sein Selbst völlig bloßzulegen und zugleich zu versuchen, jegliche Erwartung und Faszination abzustreifen.

Selbst-Aufgabe heißt auch, die plumpen und schockierenden Eigenschaften im eigenen Ego zu erkennen und sie zu überkommen. Meistens ist dies recht schwierig, und obschon wir uns selbst vielleicht hassen, finden wir im Selbsthaß gleichzeitig eine Art Beschäftigung. Aber die Tatsache, daß wir uns nicht mögen, so wie wir sind und diese Selbstverurteilung als schmerzhaft empfinden, kann uns dennoch nicht veranlassen, uns völlig zu ändern. Fingen wir damit an, unsere selbstkritische Art aufzugeben, hätten wir vielleicht das Gefühl, eine Aufgabe zu verlieren, beinah so, als ob uns jemand unseren Job fortnähme. Wir hätten keine weitere Aufgabe mehr, wenn wir alles hingäben; nichts bliebe übrig, woran wir uns halten könnten. Selbstbeurteilung und Selbstkritik sind im Grunde neurotische Neigungen, die aus mangelndem Selbstvertrauen entspringen, »Selbstvertrauen« verstanden als Erkenntnis unserer selbst mit der daraus resultierenden Gewißheit, daß wir uns rückhaltlos öffnen können. Wir *können* uns erlauben, jene neurotische Art des Selbst abzulegen und uns von vorgefaßten Ideen zu befreien.

Aber so wie wir Hoffnungen und Erwartungen aufgeben, müssen auch Furcht und Angst schwinden. Wir müssen direkt in Enttäuschung hineingehen, mit ihr arbeiten, uns in sie hineinfühlen und sie zu unserem Lebensweg machen. Das ist eine sehr schwere Aufgabe. Enttäuschung ist ein sicheres Zeichen für urtümliche Intelligenz. Sie kann mit nichts anderem verglichen werden; so scharfsinnig, exakt, klar und direkt ist sie. Sobald wir fähig sind, uns aufzuschließen, beginnen wir zu sehen, wie nichtig all unsere Erwartungen im Vergleich zur Wirklichkeit sind, der wir gegenüberstehen. Dies schließt ganz automatisch ein Gefühl von Enttäuschung mit ein.

Enttäuschung ist das beste Gefährt auf dem Pfade des Dharma. Sie bestätigt nicht die Existenz unseres Ego und seiner Träume. Wenn wir jedoch in geistigem Materialismus verhaftet sind und somit Spiritualität als eine Ansammlung von Gelerntem und als Tugend betrachten, wenn wir sie außerdem benutzen, um uns selbst daran zu erbauen, dann wird der ganze Vorgang der Hingabe zum Zerrbild. Wenn wir Spiritualität zu unserer Bequemlichkeit benutzen, werden wir jedesmal, wenn uns etwas unbequem oder enttäuschend erscheint, sagen: »Dies muß eine weise Handlung des Guru sein, denn ich bin dessen gewiß, daß der Guru nichts Falsches oder Böses im Sinne haben kann. Der

Guru ist ein vollkommenes Wesen, und was auch immer er tun mag, ist richtig. Was er für mich tut, muß also gleichfalls richtig sein, denn er steht mir zur Seite. Ich kann es mir erlauben, so offen zu sein. Ich kann mich getrost hingeben. Ich weiß, daß ich den rechten Pfad wandere.« – Etwas ist nicht ganz richtig in solchem Verhalten. Bestenfalls kann man es einfältig und naiv nennen. Wir sind berückt von dem überwältigenden, würdigen und farbigen Bild eines Guru. Wir wagen nicht, in anderer Weise zu denken, und sind zu der Überzeugung gelangt, alles, was wir erfahren und erleben, sei ein Teil unserer geistigen Entwicklung. »Ich habe es geschafft, ich bin eine ›self-made‹-Persönlichkeit mit profundem Wissen, weil ich Bücher gelesen habe, die meinen Glauben und damit die Richtigkeit meiner Ideen bestätigten. Alles stimmt miteinander überein.«

Wir können uns auch noch in anderer Weise zurückhalten: aus dem Gefühl heraus, daß wir kultivierte, gebildete und würdige Menschen seien. »Selbstredend können wir unser Selbst nicht jener schmutzigen und gewöhnlichen Straßenszene von Wirklichkeit überlassen.« Wir haben das Gefühl, als ob jeder Schritt auf unserem Weg mit Lotusblumen bestreut sein müsse, und wir entwickeln eine Logik, die alles, was auch immer mit uns geschieht, entsprechend interpretiert. Sollten wir fallen, geschähe dies sanft und schmerzlos. Hingabe ist jedoch kein sanfter Fall, da heißt es, in einer steinigen, wilden Landschaft hart auf natürlichem Boden aufprallen. Sobald wir unser Selbst aufschließen, kommen wir zu dem, *was wirklich ist.*

Nach alter Tradition bedeutet »Hingabe« in praktischer Ausübung ein Niederfallen, das heißt sich in hingebungsvoller Geste zu Boden werfen. Gleichzeitig öffnen wir uns zuinnerst und unterwerfen uns, indem wir uns mit dem Niedrigsten identifizieren und unsere rohen Instinkte eingestehen. Keine Furcht kommt uns mehr an, etwas zu verlieren, wenn wir uns einmal damit identifiziert haben. Und indem wir dies tun, bieten wir uns gleich einer Schale dar, um die Lehren zu empfangen.

In der buddhistischen Religion gibt es die Gebetsformel: »Ich nehme meine Zuflucht zu Buddha, ich nehme meine Zuflucht in Dharma, ich nehme meine Zuflucht in Sangha.« Ich flüchte mich zu Buddha als dem Symbol der Hingabe, des Anerkennens des Negativen als Teil unserer Natur und mich ihm öffnend. Ich nehme Zuflucht in Dharma – Dharma, das »Gesetz des Daseins«, Leben, wie es ist. Ich bin willens, meine Augen für die Tatsachen des Lebens zu öffnen und sie zu sehen, wie sie sind. Ich bin nicht bereit, sie als spirituell und mystisch anzuerkennen, ich will jede Lebenslage für das nehmen, was sie wirklich ist. Ich nehme meine Zuflucht in Sangha. »Sangha« bedeutet »Gemeinschaft von Menschen auf dem spirituellen Pfad« – »Bruderschaft«. Ich bin bereit, meine Erfahrungen auf allen Lebensgebieten mit meinen Pilgerbrüdern zu teilen sowie mit allen Suchenden, die mit mir gehen; aber ich bin nicht willens, mich an sie anzulehnen, um mich stützen zu lassen. Es besteht die sehr gefährliche Neigung, sich hierbei aufeinander zu verlassen. Wenn jeder in einer Gruppe sich an einen anderen anlehnt und dann einer straucheln sollte, würde er die anderen mit sich ziehen. Wir gehen zusammen, arbeiten zusammen, Seite an Seite. Diese Art der Hingabe und des Zufluchtnehmens hat einen tiefen Sinn.

Eine falsche Art der Zuflucht ist die Suche nach Schutz – das Anbeten von Bergen, Sonnen- oder Mondgöttern oder anderen Göttern aus dem einfachen Grund, daß sie uns größer zu sein scheinen als wir. Dieser Weg von Zufluchtnahme ähnelt der Antwort eines kleinen Kindes, das sagt: »Wenn du mich schlägst, sage ich es meiner Mutter«, in der Vorstellung, daß die Mutter die große, urgewaltige Kraft sei. Wenn das Kind sich angegriffen fühlt, ist seine automatische Reaktion eine Hinwendung zur Mutter als der Verkörperung der allwissenden und unfehlbaren Persönlichkeit. Das Kind glaubt, die Mutter könne es schützen, sei praktisch die Einzige, die es zu retten vermag. Zuflucht im Mutter- oder Vaterprinzip zu suchen ist ein wirklicher Selbstbetrug; der Obdachsuchende verfügt über keine wirklich eigene Kraft und keine wahre Inspiration. Er ist ständig mit der Bewertung kleinerer und größerer Kräfte beschäftigt. Wenn wir klein sind, kann uns etwas Größeres erdrücken. Wir suchen Zuflucht, weil wir uns nicht leisten können, klein und ohne Schutz zu sein. Und zu unserer Entschuldigung führen wir an: »Ich bin nun einmal so schwächlich, aber ich erkenne deine Überlegenheit an. Ich möchte dich anbeten und mich an dir emporziehen. Willst du mich also bitte beschützen?«

Hingabe ist keine Frage des persönlichen Niveaus. Sie hat in diesem Sinne auch nichts mit Bewertung zu tun. Vielmehr geben wir uns hin, weil wir mit der Welt leben wollen, »wie sie ist«. Wir brauchen uns nicht als Wissende oder Unwissende einzuordnen: Wir kennen unseren Stand, darum machen wir die Geste der Hingabe, um damit in direkte Verbindung mit dem Objekt unserer Hingabe zu treten. Wir werden nicht verlegen angesichts unserer rohen und ungeschliffenen, der reinen und guten Qualitäten. Wir legen sie alle bloß. Der innerste Akt dieser Aufschließung hat nichts mit Anbetung einer äußeren Macht zu tun. Man könnte ihn eher als inspirierte Zusammenarbeit bezeichnen, in der man selbst zum Gefäß wird, in das Wissen strömen kann.

Darum sind Offenheit und Hingabe die unbedingten Voraussetzungen für die Zusammenarbeit mit einem spirituellen Freund. Wir erkennen eher unseren fundamentalen Reichtum, als daß wir die eingebildete Armut unseres Selbst beklagen. Wir wissen, wir sind es wert, die Lehren zu empfangen, sind es wert, uns den Reichtum der Möglichkeiten des Lernens zu erschließen.

Der Guru

Beim Studium der Spiritualität erhebt sich für uns nun als erstes die Frage nach unserem Verhältnis zu einem Lehrer, Lama, Guru oder wie auch immer wir die Person nennen, von der wir hoffen, daß sie uns einer spirituellen Unterweisung für wert erachtet. Solche Bezeichnungen, und insbesondere der Name »Guru«, sind in der westlichen Welt mit irreführenden Assoziationen beladen und haben im allgemeinen zur Verwirrung der Frage beigetragen, was es heißt, mit einem spirituellen Lehrer zu studieren. Damit soll nicht gesagt sein, daß der östliche Mensch die Beziehung zu einem Guru versteht, der Abendländer nicht; dies Problem ist universell. Immer wieder kommen Leute zum Studium der Spiritualität mit vorgefaßten Ideen von dem, was sie erwartet, und wie sie mit der Person inneren Kontakt finden werden, von der sie hoffen, Unterweisung zu erhalten. Schon die Annahme, daß wir von einem Guru etwas *erhalten* – Glück, Friede, Weisheit usw. –, ist eine schwer zu überkommende Voreingenommenheit. Und so glaube ich, daß es sinnvoll ist, einmal zu untersuchen, in welcher Weise berühmte Schüler mit dem Problem ihrer inneren Beziehung zu Spiritualität und einem spirituellen Lehrer zurechtgekommen sind. Vielleicht werden diese Beispiele von einigem Wert für unsere eigene Suche sein.

Einer der namhaftesten tibetischen Meister und zugleich einer der größten Gurus des Kagyü-Geschlechts, dem ich angehöre, war Marpa, Schüler des indischen Lehrers Naropa und Guru von Milarepa, seinem berühmtesten spirituellen Schüler. Marpa ist ein Beispiel für jemanden, der auf dem Wege war, sich erfolgreich hochzuarbeiten. Er war von bäuerlicher Herkunft, aber schon in der Jugend erwachte in ihm der Ehrgeiz, und er wählte die Gelehrsamkeit und Priesterschaft, um sich Prestige zu erwerben. Wir können uns vorstellen, welch enormer Anstrengung und Willenskraft es für den Sohn eines Bauern bedurfte, um die Stellung eines Priesters in seiner religiösen Gemeinschaft zu erreichen. Im Tibet des 10. Jahrhunderts gab es für einen solchen Mann nur wenige Möglichkeiten, überhaupt eine Position zu erlangen, sei es als Kaufmann, Bandit oder insbesondere als Priester. Dem Klerus anzugehören, war in jener Zeit etwa gleichbedeutend damit, Doktor, Anwalt und Professor in einem zu sein.

Marpa begann zunächst damit, Tibetisch, Sanskrit, mehrere andere Sprachen und die Umgangssprache Indiens zu studieren. Nach etwa dreijährigem Studium war er hinreichend vorgebildet, um als Gelehrter sein Geld zu verdienen, und mit diesem Geld finanzierte er seine religiösen Studien und wurde schließlich eine Art buddhistischer Priester. Seine Position brachte ihm so ein gewisses lokal begrenztes Prestige. Aber Marpa hatte Höheres im Sinn, und obschon er jetzt verheiratet war und eine Familie hatte, fuhr er fort, seinen Verdienst zu sparen, bis er eine beträchtliche Summe Goldes angesammelt hatte.

Zu diesem Zeitpunkt unterrichtete Marpa seine Verwandten von seiner Absicht, nach Indien zu reisen, um weitere Lehren kennenzulernen. Indien war zu jener Zeit das Weltzentrum für buddhistische Studien, Heimstatt der Nalanda-Universität und der größten buddhistischen Weisen und Gelehrten. Es war Marpas Absicht, in Tibet unbekannte Texte zu studieren und zu sammeln, sie heimzubringen, zu übersetzen und sich so als bedeutender Gelehrter und Übersetzer zu erweisen. Eine Reise nach Indien war zu jener Zeit lang und gefahrvoll, und Marpas Familie und die Älteren versuchten, sie ihm auszureden. Er aber blieb entschlossen und machte sich in Begleitung eines Freundes und gleichgesinnten Gelehrten auf den Weg.

In einer monatelangen, beschwerlichen Reise überquerten sie die Himalayas nach Indien hinein und wanderten weiter bis Bengalen, wo sich ihre Wege trennten. Beide Männer waren für das Studium von Sprache und Religion wohl qualifiziert, und so beschlossen sie, für sich selbst nach Lehrern zu suchen, die ihrer persönlichen Art entsprächen. Bevor sie schieden, kamen sie überein, sich zur Heimreise wieder zu treffen.

Während er durch Nepal reiste, hörte Marpa zufällig von dem Lehrer Naropa, einem Mann von hohem Ruf. Naropa war Abt der Nalanda-Universität gewesen, dem vielleicht größten Zentrum für buddhistische Studien, das es jemals gab. Auf der Höhe seiner Laufbahn überkam ihn das Gefühl, daß er zwar die Meinung, aber nicht den Sinn der Lehren verstehe; er verließ seine Stellung und begab sich auf die Suche nach einem Guru. Zwölf Jahre lang ertrug er die harte Unterweisung seines Lehrers Tilopa, bis er endlich Erkenntnis gewann. Zu jener Zeit, als Marpa von ihm hörte, hatte er den Ruf, einer der größten buddhistischen Heiligen zu sein. Natürlich machte sich Marpa sofort auf, ihn zu suchen.

Schließlich fand er ihn, in einer kleinen Hütte und in Armut lebend in den Wäldern von Bengalen. Er hatte erwartet, einen so berühmten Mann inmitten einer feingeistigen Gemeinschaft zu finden und fühlte sich daher enttäuscht. Andererseits war er auch ein wenig verwirrt von der Seltsamkeit des fremden Landes und bereit, vorsichtig zu urteilen, aus der Überlegung heraus, daß dies vielleicht die Lebensweise indischer Lehrer sei. Seine Ehrfurcht vor Naropas Namen überwog außerdem seine Enttäuschung, und so übergab er ihm den größten Teil seines Goldes und bat ihn um Unterweisung in seinen Lehren. Er erklärte, daß er verheiratet sei, von Beruf Priester, Gelehrter und Bauer in Tibet und nicht die Absicht habe, sein bisheriges Leben aufzugeben, sondern nur unterwegs sei, um Lehren zu sammeln, die er nach Tibet heimnehmen wolle, um sie zu übersetzen und damit mehr Geld zu verdienen. Naropa ging ohne Zögern auf Marpas Bitte ein, unterrichtete ihn, und alles nahm seinen gewünschten Lauf.

Nach einiger Zeit entschied Marpa, daß er nun genügend und für ihn brauchbare Lehrtexte beisammen habe und rüstete sich zur Heimreise. Er begab sich zu einem Gasthaus in einer großen Stadt, wo er seinen Reisegefährten wiedertraf, und beide setzten sich zusammen, um die Ergebnisse ihrer Bemühungen zu vergleichen. Als der Freund sah, was Marpa gesammelt hatte, lachte er und sagte »Was du da mitgebracht hast, ist wertlos! Diese Lehren haben wir bereits in Tibet. Du mußt doch wohl etwas Selteneres gefunden haben? Ich selbst habe phantastische Lehrtexte von großen Meistern bekommen.«

Marpa, äußerst enttäuscht und niedergeschlagen, da er unter solchen Schwierigkeiten eine so lange und kostspielige Reise unternommen hatte, entschloß sich nun, zu Naropa zurückzukehren, um es noch einmal zu versuchen. Als er Naropas Hütte betrat und nach selteneren, exotischen und moderneren Lehrtexten fragte, sagte Naropa zu seiner Überraschung: »Es tut mir leid, aber von mir kannst du diese Lehren nicht erhalten. Du wirst versuchen müssen, sie von einem Mann zu bekommen, der Kukuripa heißt. Die Reise ist sehr beschwerlich, zumal Kukuripa auf einer Insel inmitten eines gifthaltigen Sees lebt. Aber er ist der einzige, der dir die gewünschten Unterweisungen geben kann.«

Marpa, nahe daran zu verzweifeln, entschloß sich nun, die Reise zu versuchen. Im übrigen, wenn Kukuripa um Lehren wußte, die selbst der große Naropa ihm nicht geben konnte, und außerdem noch inmitten eines gifthaltigen Sees lebte, dann mußte er schon ein unvergleichlicher Lehrer und ein ganz großer Mystiker sein.

So unternahm Marpa die unwahrscheinliche Wanderung. Es gelang ihm, den See zur Insel zu überqueren, und dort hielt er nach Kukuripa

Ausschau. Was er fand, war ein alter Inder, der im Schmutz und umgeben von Hunderten von Hündinnen lebte. Die Situation war, gelinde gesagt, seltsam. Aber Marpa versuchte dennoch, mit Kukuripa zu sprechen. Alles, was er jedoch von ihm zu hören bekam, war ein Kauderwelsch. Kukuripa schien völligen Unsinn zu reden.

Die Situation war jetzt nahezu unerträglich. Nicht genug, daß Kukuripas Sprache völlig unverständlich war, mußte Marpa auch ständig vor den vielen hundert Hündinnen auf der Hut sein. Wenn es ihm gelang, sich mit einem Hund anzufreunden, knurrte ein anderer und drohte, ihn zu beißen. Schließlich, schon beinah von Sinnen, gab Marpa alles miteinander auf: er machte keine Notizen mehr und stellte auch die Suche nach irgendeiner Geheimdoktrin ein. Zu diesem kritischen Zeitpunkt begann Kukuripa plötzlich, in einer völlig verständlichen und zusammenhängenden Weise zu sprechen. Die Hunde hörten auf, ihn zu bedrängen, und Marpa empfing die so sehnlich gewünschten Lehren.

Nachdem er seine Studien mit Kukuripa beendet hatte, kehrte Marpa noch einmal zu seinem ursprünglichen Guru, Naropa, zurück. Dieser riet ihm: »Du mußt jetzt nach Tibet zurückkehren und lehren. Es genügt nicht, solche Lehren auf theoretischem Wege zu erhalten, du mußt sie in Lebenserfahrungen umsetzen. Dann erst kannst du wiederkommen und weiterstudieren.«

Nochmals traf Marpa seinen Studiengenossen, und gemeinsam traten sie die lange Heimreise nach Tibet an. Marpas Gefährte hatte ebenfalls sehr viel studiert; beide hatten Stapel von Manuskripten mit sich und diskutierten während der Reise über das, was sie gelernt hatten. Bald jedoch überkam Marpa im Umgang mit seinem Freund ein unbehagliches Gefühl, da dieser immer wißbegieriger wurde herauszufinden, was Marpa an neuen Lehrtexten gesammelt hatte. Ihre Gespräche schienen zunehmend um dieses Objekt zu kreisen, bis sein Reisegefährte schließlich dahinterkam, daß Marpa wertvollere Lehrtexte erhalten hatte als er selbst und in ihm der Neid erwachte. Als sie im Fährboot einen Fluß überquerten, begann Marpas Gefährte, sich darüber zu beklagen, wie eingeengt und unbequem er zwischen all dem Gepäck säße, das sie mit sich schleppten. Er wechselte seinen Platz im Boot, als wolle er es sich bequemer machen, und dabei gelang es ihm, alle Manuskripte Marpas über Bord zu stoßen. Marpa suchte verzweifelt, sie zu retten, aber es war zu spät, sie waren fort. All die Texte, die er unter solchen Mühen und Entbehrungen gesammelt hatte, waren in einem Augenblick verloren.

So kehrte er mit dem Gefühl, einen großen Verlust erlitten zu haben, nach Tibet zurück. Zwar konnte er viele Berichte von seinen Reisen und Studien geben, aber er hatte nichts Greifbares, um sein Wissen und seine Erfahrung nachzuweisen. Dessenungeachtet verbrachte er die nächsten Jahre lehrend und arbeitend, bis er zu seiner Überraschung zu merken begann, daß seine Niederschriften, selbst wenn er sie hätte retten können, nutzlos für ihn gewesen wären. In Indien nämlich hatte er sich nur von solchen Lehren Notizen gemacht, die er nicht verstanden hatte, nicht aber von jenen, die einen Teil seiner eigenen Erfahrung darstellten. Erst jetzt, Jahre später, entdeckte er, daß sie in Wirklichkeit ein Teil seiner selbst geworden waren.

Mit dieser Erkenntnis schwand bei Marpa auch der Wunsch, aus seinem Wissen materiellen Nutzen zu ziehen. Es lag ihm nichts mehr daran, Geld oder Ansehen zu erwerben; er war nur davon beseelt, Offenbarung zu finden. Abermals begann er Goldstaub als Gabe an Naropa zu sammeln, und wiederum unternahm er die Reise nach Indien. Diesmal trat er sie voller Sehnsucht nach seinem Guru und dessen Unterweisung an.

Marpas Wiedersehen mit seinem Guru gestaltete sich jedoch diesmal wesentlich anders. Naropa erschien sehr kalt und unpersönlich, beinah feindselig, und seine ersten Worte an Marpa waren: »Schön, dich wiederzusehen. Wieviel Gold hast du für meinen Unterricht mitgebracht?« Marpa hatte eine beträchtliche Menge Goldes bei sich, wollte aber einiges davon für seine Ausgaben und die Heimreise sparen; so öffnete er sein Gepäck und gab nur einen Teil von dem, was er besaß. Naropa warf einen Blick auf das ihm Angebotene und sagte: »Nein, das ist nicht genug. Ich brauche für meine Unterweisung mehr Gold als dies. Gib mir all dein Gold.« Marpa gab ihm etwas mehr, aber der Guru beharrte auf seiner Forderung. Dies ging so weiter, bis Naropa schließlich lachte und sagte: »Glaubst du, du kannst meine Unterweisung mit diesem Täuschungsversuch kaufen?« Da gab Marpa nach und überhändigte ihm all sein Gold. Zu seinem Entsetzen nahm Naropa die Beutel und begann, das Gold in die Luft zu stäuben.

Ihm war, als sei er von Sinnen. Er konnte nicht verstehen, was da vor sich ging. Er hatte so hart und schwer für dies Gold gearbeitet, um die Unterweisung erkaufen zu können, nach der ihn so sehnlich verlangte. Naropa schien angedeutet zu haben, daß er das Geld benötigte und Marpa dafür unterrichten würde. Und jetzt warf er es einfach weg. Naropa aber sagte zu ihm gewendet: »Was frag ich nach Gold – die ganze Welt ist Gold für mich!«

Es war ein großer Augenblick der Erweckung für Marpa. Sein Innerstes öffnete sich und war nun fähig, die Lehren zu empfangen. Danach blieb er lange Zeit unter einer spartanischen Ausbildung bei Naropa, aber er lauschte nicht nur den Lehren wie früher, er mußte auch lernen, in ihren Sinn einzudringen. Alles, was ihm zu eigen war, mußte er aufgeben, nicht nur seinen materiellen Besitz; alles, was er in seinem Sinn zurückhielt, mußte er daraus entlassen. Es war ein ununterbrochener Vorgang eines Sichöffnens und Hingebens.

In Milarepas Fall entwickelte sich die Situation wesentlich anders. Er war ein Bauer, weit weniger belesen und aufgeklärt als Marpa zu der Zeit, als er Naropa fand; zudem hatte er mancherlei Verbrechen und sogar einen Mord begangen. Er fühlte sich elend und unglücklich, sehnte sich nach Erleuchtung und war willens, jeden Preis zu zahlen, den Marpa fordern könnte. Marpa ließ daher Milarepa mit seiner Hände Arbeit bezahlen. Er ließ ihn eine Reihe von Häusern für sich bauen, eins nach dem anderen, und nach der Fertigstellung eines jeden wies Marpa ihn an, es wieder niederzureißen und alle Steine dorthin zurückzuschaffen, woher er sie genommen hatte, um nicht das Landschaftsbild zu verunstalten. Jedesmal, wenn er Milarepa befahl, ein Haus abzubrechen, hatte er irgendeine absurde Entschuldigung zur Hand; so z. B. er sei betrunken gewesen, als er den Bau anordnete oder, daß er den Hausbau überhaupt niemals befohlen habe. Und jedesmal riß Milarepa, voller Verlangen nach Unterweisung, das Haus nieder und begann wieder von neuem.

Schließlich plante Marpa ein Bauwerk mit neun Stockwerken. Milarepa litt schwer unter den körperlichen Strapazen, die Steine heranzuschleppen, um das Haus zu bauen. Und als er es vollendet hatte, ging er abermals zu Marpa und bat ihn wiederum um seine Unterweisung. Der aber sagte zu ihm: »Du willst meine Lehren empfangen, nur weil du dieses Bauwerk für mich errichtet hast? Ich fürchte, du wirst mir zur Einführung noch ein besonderes Angebinde bringen müssen.«

Zu dieser Zeit verfügte Milarepa über keinen Besitz mehr, denn all seine Zeit und Arbeitskraft hatte er für den Bau dieser Häuser verwendet. Damema aber, Marpas Frau, hatte Mitleid mit ihm und sagte: »Diese von dir gebauten Häuser sind ein so wundervolles Beispiel für deine Ergebenheit und deinen Glauben. Gewiß wird es meinem Mann recht sein, wenn ich dir einige Säcke Gerste und eine Rolle Tuchstoff als Angebinde für ihn gebe.« So brachte Milarepa Gerste und Stoff mit zum Anwärterkreis der Jünger Marpas und bot sie ihm unter den Geschenken der anderen gleichfalls an. Als Marpa jedoch dieses Geschenks ansichtig wurde, schrie er Milarepa wütend an: »Diese Sachen gehören mir, du Heuchler!« und beförderte ihn buchstäblich mit einem Fußtritt ins Freie. Milarepa gab nun alle Hoffnung auf, jemals Marpas

Unterweisung zu erhalten. In seiner Verzweiflung beschloß er, Selbstmord zu begehen und war gerade im Begriff, sich zu töten, als Marpa dazu kam und ihm sagte, er sei nun reif und solle seine Lehren empfangen.

Der Erfolg jeder spirituellen Unterweisung ist abhängig von einer Gegenleistung, die der Schüler dem Lehrer bietet; eine Art psychologischer Hingabe ist notwendig, ein Geschenk. Aus diesem Grunde müssen wir hier die Begriffsinhalte von Worten wie Hingabe, Selbst-Aufgabe, Aufschließung und Erwartungslosigkeit erörtern und erklären, bevor wir näher auf das Verhältnis zwischen Lehrer und Schüler eingehen. Es kommt nicht darauf an, wieviel du zu bezahlen bereit bist, wie korrekt du dich aufführst, wie klug du dich verhältst, wenn du deinen Lehrer ansprichst. Es ist nicht so, als ob du dich um eine neue Stellung bewirbst oder ein neues Auto kaufst. Ob du einen Job bekommst, hängt von deinen Zeugnissen ab, davon, wie gut du gekleidet bist, wie gut deine Schuhe geputzt sind, wie du sprichst und wie gut deine Manieren sind. Wenn du ein Auto kaufst, ist es eine reine Frage des Geldes oder deiner Kreditwürdigkeit.

Geht es jedoch um Spiritualität, so ist etwas mehr erforderlich. Es geht nicht um eine kommerzielle Bewerbung und darum, sich herauszuputzen, um einem Arbeitgeber zu imponieren. Solch ein Täuschungsversuch verfängt nicht bei einem Guru, denn er sieht direkt durch uns hindurch. Er wäre belustigt, wenn wir uns für eine Unterhaltung mit ihm zurechtmachten. Ein gewinnendes Wesen zu zeigen wäre unangemessen und einfach zwecklos. Wir müssen uns verpflichtet fühlen, unserem Lehrer gegenüber völlig offen und zugleich bereit zu sein, alle vorgefaßten Meinungen fallen zu lassen. Milarepa erwartete in Marpa einen großen Gelehrten und Heiligen zu finden, bekleidet mit einem perlenbestickten Yogagewand, Mantras zitierend und meditierend. Statt dessen fand er Marpa bei der Arbeit auf seinem Hof, Arbeiter anweisend und sein Land pflügend.

Ich fürchte, das Wort »Guru« wird in der westlichen Welt viel zu oft benützt. Es wäre besser, von einem »spirituellen Freund« zu sprechen, denn alle Lehren betonen die Idee einer geistig-seelischen Verbindung zweier Menschen. Es ist also eher eine wechselseitige Kommunikation, nicht ein Herr-Knecht-Verhältnis zwischen einem hochentwikkelten und einem kläglich verwirrten Menschen. In einer Herr-Knecht-Beziehung stellt man sich den »Hochentwickelten« vielleicht auf einem Thron sitzend oder sogar freischwebend vor, wie er auf uns herabschaut. Seine Stimme erfüllt den Raum. Jedes Wort, jedes Räuspern und jede seiner Bewegungen sind Ausdruck der Weisheit. Aber dies ist eine Illusion. Der Guru sollte ein spiritueller Freund sein, der sein Wesen so kundtut und so mit uns umgeht, wie es Marpa mit Milarepa und Naropa mit Marpa tat. Marpa zeigte sich in seinem Wesen als Bauern-Yogi. Er hatte sieben Kinder und eine Frau, er bewirtschaftete seinen Hof, kultivierte sein Land, ernährte sich und die Seinen. Er sorgte für seine Schüler wie für sein Hauswesen. Er schenkte jeder Einzelheit in seinem Leben so gründliche Beachtung, daß er fähig war, ein vorbildlicher Lehrer und gleichzeitig vorbildlicher Vater und Landwirt zu sein. In Marpas Lebensstil war nichts von physischem oder spirituellem Materialismus zu spüren. Ihm kam gar nicht der Gedanke, Spiritualität besonders zu betonen und seine Verbundenheit mit Familie und irdischem Leben zu leugnen. Wenn man dem Materialismus weder spirituell noch physisch untertan ist, verfällt man auch keinem Extrem.

Es wäre auch höchst unverständig, sich jemanden zum Guru zu erwählen, nur weil er berühmt ist und vielleicht den Ruf hat, Stapel von Büchern veröffentlicht und Tausende oder Millionen Menschen bekehrt zu haben. Worauf es hier einzig ankommt, ist, mit diesem Menschen absoluten Kontakt zu finden. Sofern du selbst dich deinem spirituellen Freund völlig öffnest, seid ihr aneinandergebunden. Bist du fähig, in aller Aufrichtigkeit mit ihm zu sprechen? Welchem Grad von Selbsttäuschung gibst du dich hin? Weiß er irgend etwas über dich? Und wieviel weiß er, nebenbei gesagt, über sich selbst? Ist der Guru wirklich fähig, deine Maske zu durchschauen und intimen Kontakt mit dir zu finden? Auf der Suche nach einem Lehrer sind dies sicherlich die Orientierungspunkte, nicht die Frage nach Ruhm oder Weisheit.

Es gibt da die lehrreiche Geschichte von einer Gruppe von Leuten, die beschlossen, unter einem großen tibetischen Lehrer zu studieren. Sie hatten schon hier und da andere Lehrer gehört, aber sich nun entschieden, die Unterweisung dieses besonderen Mannes zu erbitten. Alle waren sie sehr erpicht darauf, seine Schüler zu werden und erbaten eine Unterredung mit ihm, aber der große Lehrer wollte keinen von ihnen akzeptieren. »Unter einer Bedingung nur will ich euch annehmen«, konzedierte er, »wenn ihr willens seid, euch von eueren früheren Lehrern loszusagen.« Sie alle drängten sich um ihn, versicherten ihn ihrer Ergebenheit, versicherten, wie bedeutend sein Ruf sei und wie sie es begrüßen würden, unter ihm studieren zu dürfen. Er weigerte sich indes, sie anzunehmen, wenn sie seine Bedingung nicht erfüllten. Schließlich fand sich die ganze Gruppe, mit Ausnahme eines Mannes, bereit, den früheren Lehrern, von denen sie immerhin eine Menge gelernt hatten, abzuschwören. Der Guru schien damit zufriedengestellt und forderte sie alle auf, am folgenden Tage wiederzukommen. Als sie wieder erschienen, erklärte er ihnen: »Ich durchschaue euere Heuchelei. Das nächste Mal, wenn ihr zu einem anderen Lehrer geht, werdet ihr mich verleugnen. Macht, daß ihr rauskommt!« Und so jagte er sie alle, mit Ausnahme des einen Mannes, der zu dem stand, was er zuvor gelernt hatte, aus dem Haus. Dieser von ihm Akzeptierte war nicht mehr willens, lügnerische Spiele zu treiben oder zu versuchen, seinem Guru zu gefallen, indem er vorgab, anders zu sein, als er war. Wenn du die Freundschaft eines spirituellen Meisters suchst, mußt du dies schlicht und offen tun und so, daß die Verbindung auf gleicher Ebene vor sich geht, nicht aber versuchen, den Meister für dich zu gewinnen.

Um von deinem Guru als Freund akzeptiert zu werden, hast du selbst dich ihm innerlich zu öffnen. Und um dich dahin zu bringen, wirst du von ihm wahrscheinlich einer Prüfung in gewissen Lebenssituationen unterworfen werden; all diese Tests werden mit einer Enttäuschung enden. In manchem Stadium wirst du zweifeln, ob dein Freund überhaupt ein Gefühl oder eine Regung für dich verspürt. Dies hängt mit deiner eigenen Heuchelei zusammen. An diese Heuchelei, an die Vorwände und Finten des Ego ist schwer heranzukommen. Wir neigen dazu, Rüstungen anzulegen, eine über der anderen. Die Heuchelei ist so vielschichtig, daß wir nach Beseitigung der einen Schicht immer noch eine andere darunter finden. Wir hoffen stets, uns nicht völlig entkleiden zu müssen, wir hoffen, es werde genügen, einige Schichten abzustreifen, um als annehmbar zu erscheinen. Dann zeigen wir uns in unserem neuen Panzerkleid mit einnehmendem Lächeln, aber unser Freund trägt überhaupt keine Rüstung; er ist nackt. Und verglichen mit seiner Nacktheit sind wir in Zement gekleidet. Unsere Panzerung ist so dick, daß der Freund weder unsere Haut noch unseren Körper spüren kann. Nicht einmal unser Gesicht kann er richtig sehen. Es gibt aus früherer Zeit viele Geschichten über dieses Lehrer-Schüler-Verhältnis, wo der Schüler weite Reisen zu unternehmen und manche Strapazen zu überstehen hatte, bis Faszination und Antrieb in ihm zu erschlaffen begannen. Und dies scheint mir der Punkt: Der Impuls, nach etwas zu suchen, ist in sich selbst unbefriedigend. Erst wenn dieser Antrieb erlahmt, beginnt sich unsere innere Nacktheit zu zeigen, und die Begegnung von Geist zu Geist kann beginnen.

Man hat gesagt, die erste Stufe des Verhältnisses zu einem spirituellen Freund ähnele einem Besuch im Supermarkt. Man ist erregt und träumt von all den verschiedenen Dingen, die man kaufen möchte: der geistige Reichtum des Freundes und die Farbigkeit seiner Persönlichkeit. Die zweite Stufe unserer Beziehung ist wie eine Vorladung vor Gericht, ein Gefühl, als ob du ein Verbrecher seist. Man ist nicht fähig, den Anforderungen seines Guru zu genügen und beginnt, sich befangen zu fühlen in dem Bewußtsein, daß er einen ebenso kennt, wie man sich selbst; und das ist sehr peinlich. Im dritten Stadium ist uns bei einem Besuch unseres Lehrer-Freundes zumute, als ob wir eine Kuh friedlich grasend auf einer Wiese sähen. Wir erbauen uns an dem Frieden und an der Landschaft und gehen dann wieder. In der vierten Phase endlich erscheint es, als gehe man auf der Landstraße an einem Felsbrocken vorüber. Du schenkst ihm keinerlei Beachtung. Du gehst einfach vorbei und weiter deines Weges.

Im Anfang ist es eine Art von Werbung um den Guru, ein Liebesverhältnis. Wie weit vermagst du ihn für dich zu gewinnen? Es besteht die intensive Neigung, ihm näher zu kommen. Du empfindest solche Bewunderung für ihn. Aber gleichzeitig hält er beängstigenden Abstand von dir. Entweder entspricht die Situation nicht deinen Erwartungen, oder du hast das beklemmende Gefühl, es gelänge dir vielleicht nicht, dich ihm im Innersten zu öffnen. Ein Liebe-Haß-Verhältnis, ein Gefühl des Sich-Hingeben- und andererseits Davonlaufen-Wollens entwickelt sich. Mit anderen Worten, wir beginnen ein Spiel, eine Art Liebesverhältnis mit unserem Guru anzubahnen. Andererseits aber wünschen wir auch wieder, von ihm loszukommen, denn in seiner Nähe fühlen wir uns von ihm überwältigt. So wie es in einem tibetischen Sprichwort heißt: »Der Guru ist wie ein Feuer. Kommst du ihm zu nahe, verbrennst du dich; bleibst du zu weit abseits, bekommst du nicht genug Wärme.« Diese Art der Werbung geht allein vom Schüler aus. Es drängt dich, dem Lehrer nahe zu kommen, doch wenn du es tust, verbrennst du dich. Gleichzeitig möchtest du davonlaufen.

Schließlich aber gewinnt dieses Verhältnis Stetigkeit und Substanz. Es wird dir allmählich klar, daß der Wunsch, dem Guru einmal nahe und dann wieder fern zu sein, einfach dein eigenes Spiel ist. Es hat nichts mit der wirklichen Situation zu tun, sondern entspringt deiner Einbildung. Der Guru oder spirituelle Freund ist immer da, ein lebendiges Feuer. Du kannst mit ihm Spiele treiben oder nicht, ganz wie du willst.

Nun beginnt dein Verhältnis zu ihm Früchte zu tragen. Du fügst dich in die Lage, von ihm überwältigt oder auf Distanz gehalten zu werden. Wenn er dich eisig behandeln will, nimmst du es hin. Wenn er dir herzlich begegnen will, nimmst du es gleichfalls hin. Nichts vermag dich mehr zu erschüttern, und so findest du schließlich den Ausgleich mit ihm.

Im nun folgenden Stadium, willens zu akzeptieren, was dein Freund auch immer tun mag, beginnt jede eigene Inspiration in dir zu erlöschen, da du dich völlig ihm hingegeben hast. Du fühlst dich selbst zu einem Staubkorn reduziert. Du bist so unwichtig. In dir erwacht ein Gefühl, als sei die einzig existierende Welt die deines Freundes, des Guru. Es ist, als sähest du einen so erregenden Film, daß du dich als völlig in ihn integriert fühlst. Nichts um dich herum existiert mehr, kein Kinosaal, keine Leute, die neben dir sitzen, ja nicht einmal du selbst. Nichts als der Film selbst ist da. Man nennt dies die »Flitterwochen«, in denen alles als Teil dieses zentralen Wesens, des Guru, erscheint. Du bist eine belanglose Person und wirst ausschließlich von ihm genährt. Wenn du dich schwach, müde oder gelangweilt fühlst, gehst du in dies »Kino«, sitzt da und läßt dich unterhalten, aufmuntern und verjüngen. In dieser Phase wird das Phänomen des Persönlichkeitskults zum Problem. Der Guru ist die einzig existierende Person in der Welt, lebendig und vibrierend. Der ganze Sinn deines Lebens hängt von ihm ab. Wenn du stirbst, stirbst du für ihn. Wenn du lebst, lebst du für ihn und bist selbst unbedeutend.

Aber dieses Liebesverhältnis mit deinem spirituellen Freund kann nicht von Dauer sein. Früher oder später muß seine Intensität schwinden, und du mußt dich dann mit eigener Psychologie in deiner eigenen Lebenssituation zurechtfinden. Es ist wie in einer Ehe nach den Flitterwochen. Du wirst dir nunmehr nicht nur bewußt, daß dein Liebhaber der Brennpunkt all deiner Aufmerksamkeit ist, sondern beginnst auch, seinen oder ihren Lebensstil zu beobachten. Du fängst an zu erkennen, was diesen Menschen über die Grenzen seiner Individualität und Persönlichkeit hinaus zum Lehrer macht. Es kommt nun auch das Problem der »Universalität des Gurus« auf dich zu. Jedes Problem, das dir im Leben entgegentritt, wird zum Teil euerer Gemeinschaft. Wo immer Schwierigkeiten vor dir auftauchen, hörst du die Worte deines Guru. In dieser Phase beginnt man, seine Unabhängigkeit vom Guru als Liebesobjekt zurückzugewinnen, denn jede Lebenssituation wird zum Ausdruck und zur Bestätigung seiner Lehren. Im Anfang gabst du dich deinem spirituellen Freunde hin. Dann gewannst du Kontakt und triebst Spiele mit ihm. Und nun hast du den Zustand völliger Aufgeschlossenheit erreicht. Als Folge dieser Offenheit beginnst du allmählich, in jeder Lebenssituation eine Guru-Natur zu erkennen und zu sehen, daß sich dir in allen Vorkommnissen des Lebens die Möglichkeit bietet, so vorbehaltlos offen zu sein, wie du es ihm gegenüber bist. Und so können dir alle Dinge als Guru dienen.

Milarepa hatte eine lebendige Vision von seinem Guru Marpa, als er in strenger Abgeschiedenheit meditierte. Geschwächt von Hunger und ermüdet durch Regen und Sturm fiel er vor seiner Höhle beim Suchen von Brennholz in Ohnmacht. Als er wieder zu sich kam, blickte er nach Osten und sah in der Richtung, wo Marpa lebte, weiße Wolken am Himmel. Sehnsüchtig begann er zu singen, um Marpa demütig zu sagen, wie sehr es ihn verlange, bei ihm zu sein. Da erschien ihm in einer Vision Marpa auf einem schneeweißen Löwen reitend und sagte etwas wie – »Was fehlt dir denn? Hast du neurotische Anfechtungen? Du kennst dein Dharma, so fahre also in deinen Meditationsübungen fort.« Milarepa fühlte sich gestärkt und getröstet und kehrte in seine Höhle zurück, um zu meditieren. Sein Vertrauen und seine Abhängigkeit von Marpa in dieser Situation zeigen deutlich, daß er sich noch nicht von der Vorstellung des Guru als eines persönlichen, individuellen Freundes freigemacht hatte.

Als aber Milarepa in seine Höhle zurückkehrte, fand er sie voller Dämonen, mit riesigen Augen und Körpern von Daumengröße. Zunächst versuchte er allerlei Tricks, sie davon abzubringen, ihn zu narren und zu peinigen. Doch sie ließen nicht von ihm ab, bis er schließlich aufhörte, seine eigene Heuchelei einstellte und sich zu völliger Offenheit bekannte. Seit diesem Erlebnis vollzog sich im Stil der Gesänge Milarepas eine wesentliche Änderung, denn nun hatte er gelernt, sich mit der universellen Eigenschaft eines Guru zu identifizieren und auf Marpa nicht mehr nur als individuelle Persönlichkeit zu vertrauen.

Der Guru wird zu einem Teil von dir und bleibt doch ein Individuum, eine andere Person. In solch doppelter Sicht und Funktion fällt ihm eine bedeutende Rolle zu, unsere Heuchelei zu durchdringen und bloßzulegen. Dieser Guru kann eine Person sein, die dich wie ein Spiegel reflektiert, oder deine eigene Einsicht nimmt die Form des spirituellen Freundes an. Wenn der innere Guru in dir seine Stimme erhebt, kannst du seiner Forderung, dich zu öffnen, nie entkommen. Überall bist du von seinem Grundwesen begleitet, du kannst ihm so wenig entfliehen wie deinem eigenen Schatten. Unser eigener Schatten beobachtet uns.

Wir können diese Situation unter zwei verschiedenen Aspekten betrachten: Einmal sehen wir in dem Guru einen gespenstischen Geist, der uns wegen unserer Heuchelei hetzt und höhnt. Es könnte uns hier dämonisch erscheinen, wenn wir erkennen, wie wir sind. Doch gleicherweise gegenwärtig ist andererseits auch die schöpferisch positive Art des Freundes, die zum Teil unseres Selbst geworden ist. Das Grundwesen ist in allen Lebenssituationen gegenwärtig, und in manchem

Fall so dominierend, daß es dir nicht gelänge, dich davon frei zu machen, selbst wenn du es wolltest. Zuweilen blickt es finster auf dich, dann aber auch wieder mit einem ermutigenden Lächeln. In der Tantra-Überlieferung heißt es, daß du das Gesicht des Guru nicht sehen kannst, daß du jedoch allzeit den Ausdruck seines Gesichts vor Augen hast. Entweder lächelnd oder mit zornigem Stirnrunzeln ist es in jeder Lebenslage in dir. Der Ur-Sinn *Tathagata-garbha,* die Buddhanatur, ist immanent in jeder Lebenserfahrung. Man kann dem nicht entgehen. Und weiter heißt es in den Schriften: »Besser ist es, nicht zu beginnen. Einmal begonnen, mußt du's vollenden.« Also tust besser daran, den spirituellen Pfad nicht zu betreten, wenn du es nicht mußt. Hast du den ersten Schritt aber einmal getan, ist er endgültig. Es gibt kein Zurück.

F: Nach meinen in einigen spirituellen Zirkeln gemachten Erfahrungen glaube ich, daß eine Persönlichkeit wie Marpa wohl für die meisten Adepten auf diesem Gebiet eine recht problematische Erscheinung ist. Denn hier ist ein Mann, der keine der Voraussetzungen zu erfüllen scheint, die allgemein als unabdingbar gelten. Er ist weder asketisch noch versagt er sich irgend etwas. Er geht seinem täglichen Gewerbe nach, ist ein ganz durchschnittlicher normaler Mensch und doch offensichtlich ein außerordentlich befähigter Lehrer. Ist Marpa der einzige, dem es gelungen ist, das Höchstmögliche zu erreichen, ohne durch all die Pein der Askese und die Zuchtphase der Reinigung hindurchzugehen?

A: Natürlich ist Marpa ein Beispiel für die Möglichkeiten, die uns offen stehen. Er lebte ja auch während seiner Zeit in Indien nach einer strengen Disziplin und bereitete sich in rastlosem Studium unter seinen indischen Lehrern für seinen spirituellen Weg vor. Ich halte es für wichtig, daß wir zunächst einmal die wahre Bedeutung der Worte »Askese« und »Disziplin« verstehen lernen. Die Leitidee der Askese, ein dem Dharma entsprechendes Leben zu führen, ist grundrichtig. Wenn du es für vernünftig hältst, ein gewöhnliches, normales Leben zu führen, dann ist dies eben dein Dharma. Ebensogut könntest du aber auch meinen, daß es für dich sinnlos wäre, das Leben eines asketischen Yogi auf dich zu nehmen. Die Entscheidung darüber liegt bei jedem selbst, und die Frage ist: Was ist sinnvoll für dich? Sie entspricht der richtigen und gesunden Einstellung zum Leben. Buddha zum Beispiel war kein religiöser Fanatiker und versuchte nicht, irgendeinem hohen Ideal zu folgen. Im Umgang mit Menschen war er schlicht, offen und sehr klug. Seine

Weisheit kam, so könnte man sagen, aus einem transzendentalen »gesunden Menschenverstand«. Und entsprechend war seine Unterweisung.

Ein Problem ist, daß die Leute sich wegen eines Konflikts zwischen Religion und Weltlichkeit Sorgen machen. Sie finden es äußerst schwierig, das sogenannte »höhere Bewußtsein« mit weltlichen Geschäften in Einklang zu bringen. Aber Kategorien wie höher und niedriger, religiös und weltlich erscheinen bei einer vernünftigen Einstellung zum Leben ganz unwichtig.

Marpa war ein gewöhnlicher Mensch, der sein Leben voll lebte. Niemals versuchte er, selbst etwas Besonderes zu sein. Wenn er seinen Gleichmut verlor, dann verlor er ihn eben und prügelte die Leute. Er tat es einfach. Er täuschte nie etwas vor. Religiöse Fanatiker hingegen versuchen immer, irgendeinem Idealbild von dem nachzuleben, wie alles sein müßte. Sie wollen vor den Menschen dastehen, als personifizierten sie Reinheit und Güte, obwohl sie sich laut und eifernd gebärden. Aber ich glaube, daß der Versuch zu zeigen, wie gut man ist, eine Art Furcht verrät. Marpa jedoch mußte nichts beweisen. Er war ein normaler, rechtschaffener Bürger und darüber hinaus ein erleuchteter Mensch. In der Tat ist er der Stammvater des ganzen Kagyü-Geschlechts. All die Lehren, die wir hier studieren und praktizieren, gehen auf ihn zurück.

F: Es gibt da einen Zen-Ausspruch: »Im Anfang sind die Berge Berge, und die Ströme sind Ströme. Dann sind die Berge keine Berge, und die Ströme sind keine Ströme. Am Ende aber sind Berge wieder Berge, und Ströme wieder Ströme.« Nun, leben wir nicht alle in dem Stadium, wo Berge keine Berge sind und Ströme keine Ströme? Doch Sie betonen diese simple, normale Tatsache. Müssen wir nicht erst diese »un-normale« Periode erfahren, bevor wir wirklich wieder normal sein können?

A: Marpa war völlig fassungslos, als sein Sohn getötet wurde. Und einer seiner Schüler sagte: »Du pflegtest uns zu sagen, daß alles nur Illusion sei. Und wie ist es nun mit dem Tod deines Sohnes? Ist das nicht auch Illusion?« Worauf Marpa erwiderte: »Richtig, aber der Tod meines Sohnes ist eine Superillusion.«

Wenn wir zum ersten Mal wahre Normalität erleben, ist dies etwas sehr ungewöhnlich Normales. Es ist so, daß wir geneigt wären zu sagen, die Berge seien keine Berge mehr und die Ströme keine Ströme, denn wir sehen sie so wahr und klar, »wie sie sind«. Diese Außergewöhnlichkeit leitet sich von dem Erlebnis des Entdeckens her. Schließlich aber wird diese Über-Normalität und Klarheit wieder zum alltäglichen Bild, mit dem wir allzeit leben, und wir sind wieder dort, wo wir begannen: die Berge sind wieder Berge, die Ströme sind wieder Ströme. Dann können wir entspannen.

F: Wie entledigt man sich seiner Rüstung? Wie öffnet man sich selbst?

A: Es geht nicht um die Frage, *wie* man es tut. Es gibt kein Ritual, keine Zeremonie oder Formel für ein solches Sichaufschließen. Das erste Hindernis wäre die Frage selbst: »Wie?« Wenn du dich nicht fragst und nicht beobachtest, kommt es von selbst. Wir überlegen ja auch nicht, wenn wir uns erbrechen; wir tun es einfach. Es ist keine Zeit, darüber nachzudenken. Es passiert einfach. Wären wir sehr gespannt, so würde uns dies schwerfallen, und wir würden nicht fähig sein, uns richtig zu erbrechen. Wir würden versuchen, es zurückzuhalten und gegen unser Unwohlsein ankämpfen. Wir müssen lernen, uns zu entspannen, wenn wir krank sind.

F: Wenn es soweit ist, daß die Lebenssituationen selbst zum Guru werden, spielt es dann eine Rolle, welch eine Form solche Situation annimmt?

A: Du hast gar keine Wahl dabei. Was immer geschieht, ist an sich und in sich Ausdruck des Guru. Die Situation mag schmerzlich oder erfreulich sein, beide, Schmerz wie Freude, sind das gleiche bei dem Geöffnetsein vor der Guru-Situation.

Initiation

Die meisten Leute, die zur Unterweisung zu mir kamen, taten dies, weil sie persönlich von mir gehört hatten, von meinem Ruf als Meditations-Lehrer und tibetischer Lama. Wie viele von ihnen wären aber wohl gekommen, wenn wir einander auf der Straße begegnet wären oder im Restaurant getroffen hätten? Nur wenige Menschen wären durch eine solche Begegnung wohl dazu angeregt worden, sich dem Buddhismus und der Meditation zu widmen. Die meisten scheinen eher von der Tatsache beeindruckt, daß ich ein Meditationslehrer aus dem exotischen Tibet und die Elfte Reinkarnation des Trungpa Tulku bin.

Sie kommen und suchen, von mir in die buddhistische Lehre und den *sangha*, die Gemeinschaft der Meditierenden auf dem spirituellen Pfad, eingeführt zu werden. Aber was bedeutet diese Einführung – oder richtiger gesagt: Einweihung – eigentlich? Es ist eine durch die Zeiten gehende große Tradition, die Weisheit der buddhistischen Lehre von einer Generation Meditierender an die nächste weiterzureichen. Und diese Überlieferung ist mit einer Einführung oder Initiation verbunden. Was hat das nun auf sich?

Es sei mir erlaubt, an diesem Punkte etwas spöttisch zu werden. Die Menschen würden sich gern gerade so einweihen lassen, wie sie einem Klub beitreten, einen Titel erhalten und Weisheit schlürfen. Ich für meine Person mag es nicht, auf menschliche Schwächen anzuspielen, ihren Wunsch etwa, etwas Außergewöhnliches zu erstehen. Es gibt Leute, die nur auf den Namen hin ein Gemälde von Picasso kaufen. Sie sind bereit, Tausende zu bezahlen, ohne zu überlegen, ob das, was sie kaufen, den geringsten künstlerischen Wert hat. Sie kaufen Bilder einfach des Namens wegen und nehmen Reputation und Gerüchte als Garantie für echte Kunst. Als intelligent kann man das nicht gerade bezeichnen.

Manch einer schließt sich auch einem Klub an oder läßt sich in eine bestimmte Organisation einführen, weil er sich vereinsamt fühlt oder lukrative Verbindungen sucht. Er bekommt wohl, was er erwartete, aber was hat er damit erreicht? Wer täuscht hier wen? Betrügt der

Lehrer oder Guru sich selber, indem er sein Ego ausweitet? »Ich habe solch eine große Gefolgschaft!« Oder täuscht er seine Anhänger, indem er sie glauben macht, sie seien weiser und spiritueller geworden, bloß weil sie sich seiner Organisation angeschlossen haben und nun vielleicht den Titel »Mönch« oder »Yogi« tragen. Es gibt so vielerlei Titel, die man erhalten kann. Aber bringen sie uns wirklich einen Gewinn? Eine halbstündige Zeremonie bringt uns keineswegs auf eine höhere Stufe von Erleuchtung, darüber müssen wir uns im klaren sein. Ich persönlich verehre und glaube zutiefst an das buddhistische Erbgut und die Macht seiner Lehren, aber nicht in so einfältiger Weise.

Vorbedingung ist, daß wir uns dem spirituellen Gebiet mit reiner Vernunft nähern. Wenn wir dem Vortrag eines Lehrers folgen, sollten wir uns nicht von seinem Ruf oder Charisma verführen lassen, sondern jedes seiner Worte oder jeden Aspekt der von ihm gelehrten Meditationstechnik richtig zu verstehen suchen. Wir müssen ein klares und vernünftiges Verhältnis zu dem Lehrer und seinen Lehren finden. Diese Einstellung hat weder mit Gefühlsüberschwang noch mit Romantik etwas zu tun. Sie stützt sich weder leichtgläubig auf hochtönende Worte, noch liegt im Unterton ein Wunsch nach Bereicherung darin.

Es geht hier nicht darum, einen weisen Guru zu finden, dessen Weisheit man kaufen oder stehlen kann. Wahre Einweihung erfährt man nur durch schlichten und aufrichtigen Umgang mit dem spirituellen Freund und sich selbst. Wir müssen darum bemüht bleiben, uns ihm mit allen Selbsttäuschungen zu enthüllen, bemüht, ihm das ungeschminkte Wesen unseres Ego bloßzulegen.

Der Sanskrit-Ausdruck für Initiation ist *abhisheka,* was etwa »besprenkeln«, »gießen« oder »Salbung« bedeutet. Und wo ein Gießen ist, muß auch ein Gefäß sein, das es auffangen kann. Wenn wir uns wirklich unserem Guru völlig öffnen und zum Gefäß dessen werden, was er uns zu geben vermag, wird auch er sich uns aufschließen. Dies ist der Sinn von *abhisheka,* der seelischen Gemeinschaft von Lehrer und Schüler.

Aber wir liefern uns dem Freunde nicht aus, um ihm zu gefallen oder ihn zu beeindrucken. Die Situation entspricht eher dem Fall, wo ein Arzt merkt, daß du an etwas leidest und dich, notfalls mit Gewalt, aus deinem Haus mitnimmt und ohne jede Betäubung operiert. Du magst solche Art von Behandlung als zu heftig und schmerzhaft empfinden, aber dann beginnt dir klar zu werden, was es heißt, wirklichen, lebendigen Kontakt zu haben.

Geldspenden für eine spirituelle Sache, Beiträge an körperlicher Arbeit, Gemeinschaft mit einem bestimmten Guru, nichts von all dem beweist, daß wir uns selbst einer wahrhaftigen Öffnung unterzogen haben. Wahrscheinlicher ist, daß wir solche Bindungen nur als eine Art von Beweissicherung dafür eingegangen sind, daß wir uns der »richtigen« Seite angeschlossen haben. Der Guru scheint ein weiser Mann zu sein. Er weiß, was er will, und wir möchten gern auf seiner Seite, der sicheren und guten Seite, stehen, um uns Erfolg und Wohlergehen zu sichern. Wenn wir uns nun aber seinem Bereich von Weisheit und gesunder Vernunft zugesellt haben, entdecken wir bestürzt, daß uns dieser Versuch einer Selbst-Sicherung völlig mißlungen ist, denn wir haben uns nur äußerlich verpflichtet, nicht unser ganzes Selbst.

Dann werden wir indirekt gezwungen, uns zu öffnen und stellen mit Schrecken fest, daß keine Möglichkeit mehr besteht, dem zu entfliehen. Unser Versteckspiel ist entdeckt, wir sind bloßgestellt. Entsetzlich! Unser Egoismus und unsere kleinlichen Finten und Vorwände, alles ist aufgedeckt. Jetzt sehen wir eventuell ein, wie völlig sinnlos unser plumper Versuch, eine Maske anzulegen, gewesen ist. Noch immer suchen wir nach einer Erklärung für diese peinvolle Situation in der Hoffnung, einen Ausweg zu finden und unsere mißliche Lage in irgendeiner Weise zur Zufriedenheit des Ego zu deuten.

Aber alles scheint vergebens. Unser Ego ist zwar emsig tätig, doch wenn wir an einem vorwärts weisenden Prozeß arbeiten und uns zu entleeren suchen, finden wir, daß wir uns rückwärts bewegen, im Versuch uns abzusichern und anzufüllen. Dieser Zustand von Verwirrung hält an und verschlimmert sich, bis wir schließlich begreifen, daß wir völlig in die Irre gegangen sind und daß es da weder Anfang noch Ende gibt, weil uns der eigene Verteidigungswunsch vollständig überwältigt hat. Die einzige Alternative scheint hier, sich aufzugeben und alles gehen zu lassen, wie es geht. Unsere klugen Ideen und smarten Lösungen haben uns im Stich gelassen. Zu vieles hat uns bestürmt, und nun wissen wir nicht, was darunter zu wählen. Unser Kopf ist angefüllt mit übergescheiten, logischen, wissenschaftlichen und schlauen Suggestionen. Aber irgendwie sind es zu viele, und wir finden das Richtige nicht.

Zu guter Letzt mögen wir wohl all diese Verstricktheiten beiseite schieben und nur ein wenig Raum lassen, uns einfach aufzugeben. Dies ist der Augenblick, in dem *abhisheka* – Sprinkeln und Gießen – wirklich vor sich geht, denn wir haben alle Versuche aufgegeben, etwas zu tun, und sehen uns endgültig am Ende. Für uns eine seltene Erfahrung.

Wir haben so viele Schutzmechanismen in uns ausgebildet, sei es aus unserem Wissen heraus, aufgrund von Erfahrungen oder Träumen. Aber schließlich beginnen wir darüber nachzudenken, welcher Begriffsinhalt wohl hinter dem Wort »Spiritualität« steht. Ist es einfach ein Versuch, religiös, fromm und gut zu sein? Was meint Spiritualität in Wirklichkeit? Die vertrauten Theorien unserer Familienkirche und ihre Doktrin haben wir immer zur Hand, aber irgendwie geben sie nicht die Antworten, die wir suchen. Und darum lösen wir uns von den Dogmen der Religion, in der wir geboren wurden.

Vielleicht gewinnen wir den Eindruck, Spiritualität sei etwas faszinierend Vielfarbiges. Eine Sache der Selbsterforschung nach den Methoden einer exotischen und andersgearteten Sekte oder Religion. Wir nehmen somit eine andere Art von Spiritualität und Verhaltensweise an und versuchen, uns im Ton der Stimme, in unseren Essensgewohnheiten und sonstigen Lebensführung zu ändern. Aber schon nach einer kurzen Zeit verlegener Bemühungen empfindet man selbst dies als plump und oberflächlich. Wir möchten uns hier ein Verhaltensmuster zur Gewohnheit und zweiten Natur machen, aber irgendwie paßt es nicht zu uns. So sehr wir auch wünschten, uns diese »erleuchtete« Art zu eigen zu machen, bleibt die Neurose in uns gegenwärtig. Wir beginnen uns verwundert zu fragen: »Wenn ich doch im Einklang mit den heiligen Schriften dieser oder jener Überlieferung gehandelt habe, wie konnte es hierzu kommen? Schuld daran ist natürlich meine Verwirrung. Aber was soll ich nun tun?« Trotz unseres gläubigen Bekenntnisses zu den Schriften hält die Verwirrung an. Unsere neurotische Unzufriedenheit bleibt bestehen. Nichts will richtig klappen; wir haben keine innere Verbundenheit mit den Lehren gefunden.

In solcher Lage bedarf es der »Vereinigung zweier Seelen«. Ohne *abhisheka* würde unser Verlangen nach Spiritualität zu nichts anderem führen als zu einer riesigen, spirituellen Kollektion, aber nicht zu echter Hingabe. Wir haben verschiedene Verhaltensmuster gesammelt, andersartige Ausdrucksformen, Kleider, Gedanken, eine andere Art zu handeln, und all dies ist zusammengenommen etwas, das wir uns selbst aufzudrängen versuchen.

Abhisheka, die echte Initiation, wird nur aus der Selbst-Aufgabe geboren. Wir geben uns selbst der Situation hin, wie sie ist, und erlangen damit die innere Gemeinschaft mit dem Lehrer. Jedenfalls erwartet uns der Guru bereits in eigener Aufgeschlossenheit, und wenn wir in gleicher Weise willens sind, auf all unseren angehäuften Besitz zu verzichten, vollzieht sich der Akt unserer Einweihung. Einer »geheiligten« Zeremonie bedarf es hierzu nicht. In der Tat, diese Einweihung »heilig« zu nennen, gliche schon einer Verführung durch die »Töchter Maras«, wie wir Buddhisten sie verkörpert nennen. In Mara manifestiert sich der neurotische Sinneszustand, das unbalancierte Sein, und er sendet seine Töchter aus, um uns zu verführen. Wenn Maras Töchter an der Initiation teilhaben, in der zwei Seelen sich finden, sagen sie: »Fühlst du den Frieden in dir? Nun, das beruht auf der spirituellen Unterweisung, die du empfängst; sie ist heilig.« Ihre süßen Stimmen verlocken uns mit zauberhafter Botschaft, die uns glauben macht, diese Vereinigung beider Seelen sei eine »große Sache«. Dann beginnen sich – ähnlich der christlichen Idee von Adams Biß in den Apfel – weitere *samsara*-Vorstellungen in unserem Gehirn zu entwickeln. Ihr Motiv heißt Versuchung. Wenn wir nämlich *abhisheka* als heilig betrachten, büßen wir unsere gedankliche Schärfe und Klarheit ein, weil wir begonnen haben zu werten. Wir hören die Stimmen der Töchter Maras und ihre Glückwünsche zum Gelingen unseres heiligen Aktes. Sie umtanzen uns und musizieren, um uns vorgeblich bei dieser feierlichen Gelegenheit zu ehren.

Die seelische Vereinigung zwischen Lehrer und Schüler vollzieht sich auf eine durchaus natürliche Weise. Beide, Lehrer wie Schüler, finden in vorbehaltloser Offenheit zueinander und wissen zugleich, daß auch diese Offenheit etwas Unbedeutendes ist. Alles geschieht völlig unbetont und natürlich. Es ist absolut nichts Besonderes. Wenn wir fähig sind, uns selbst und die ganze Umwelt unter solchem Aspekt zu sehen, vollzieht sich diese Übertragung unmittelbar. In tibetischer Überlieferung wird diese Art, die Dinge zu sehen, »normaler Sinn«, *thamal gyi-shepa*, genannt. Es ist die unbedeutendste Sache von der Welt, völlige Offenheit ohne jedes Sammeln oder Bewerten. Letztendlich müssen wir es aufgeben, etwas »Besonders« sein zu wollen.

F: Mir scheint, ich kann nicht umhin, eine Selbst-Sicherung für mich zu suchen. Was soll ich tun?

A: Du wünschst dies so intensiv, daß die Vorstellung, dich *nicht* zu sichern, dir zum Spiel geworden ist und damit ein Weg, dich zu sichern. Du bist von deiner Selbstbeobachtung so in Anspruch genommen, daß du gleichsam beobachtest, wie du dich beobachtest. Ein durchaus häufiges Phänomen.

Um dies auszuschalten, ist es nur nötig, dich von jeglicher Besorgnis freizumachen. Die sich überlagernden Vorgänge bilden hier einen äußerst feinen Lügendetektor und noch dazu einen Lügendetektor für den Lügendetektor; sie müssen beseitigt werden. Du versuchst, dich selbst abzusichern, und nachdem du Sicherheit erreicht hast, versuchst du wiederum, diese zu sichern. Solche Übersteigerung kann bis ins Unendliche weitergehen. Du besitzt vielleicht nur eine kleine Burg, aber das Ausmaß deiner Schutzmaßnahmen könnte sich über die ganze Welt erstrecken. Wenn du dich so völlig sichern willst, gibt es tatsächlich keine Grenzen für dein Bemühen.

Es ist daher notwendig, dieses Spiel mit der Sicherheit fallen zu lassen und die Ironie, die darin liegt, einzusehen. Du mußt aufhören, zu beobachten und den Beobachter zu beobachten. Um dies zu erreichen, muß der erste Beobachter verschwinden, nämlich der Wunsch, sich selbst zu schützen.

F: Ich weiß nicht, welche Nationalität ich nennen soll, aber wären wir zum Beispiel Inder, würden Sie wohl nicht auf diese Weise mit uns sprechen, nicht wahr? Ich glaube, weil wir Europäer sind, die immer Dinge *tun* wollen, sprechen Sie so. Wenn wir nichts täten und einfach so da säßen, würden Sie wahrscheinlich anders mit uns reden.

A: Das ist ein interessanter Gesichtspunkt. Ich glaube, die Art der Unterweisung hängt in erster Linie davon ab, inwieweit die Hörerschaft in den Materialismus verstrickt ist. Europa hat einen ungewöhnlich hohen Grad von physikalischem Materialismus erreicht, aber diese Verstrickung erstreckt sich heute über die ganze Welt. Wenn Indien einmal den ökonomischen Entwicklungsstand des Westens erreicht, wo die Menschen sich ernüchtert und enttäuscht vom physikalischen Materialismus abwenden, dann werden sie kommen, um solche Vorträge zu hören. Gegenwärtig aber meine ich, kann man die richtige Hörerschaft für eine derartige Vorlesung lediglich im Westen finden, denn anderswo sind die Leute der materialistischen Entwicklung noch nicht so müde. Auf dem Wege zum Automobil sparen sie noch Geld, um Fahrräder zu kaufen.

Selbst-Betrug

Bei unserer Wanderung auf dem spirituellen Pfad bleibt Selbstbetrug ein ständiges Problem. Das Ego versucht immer wieder, Spiritualität zu erlangen. Es ist, als wolle man Zuschauer bei seiner eigenen Beerdigung sein. Im Anfang mögen wir uns unserem spirituellen Freunde in der Hoffnung nähern, etwas Wundervolles von ihm zu erhalten. Diese Annäherung wird »den Guru jagen« genannt. Dies kann mit der traditionellen Jagd auf Moschustiere verglichen werden, bei der sich der Jäger an das Wild heranschleicht, es tötet und den Moschus entfernt. Diese Taktik könnten wir auch hier in unserer Annäherung zum Guru und zur Spiritualität anwenden, aber es wäre ein Selbstbetrug. Es würde nichts mit einem wirklichen Sich-Öffnen und Hingeben gemein haben.

Wir könnten fälschlicherweise glauben, die Weihe sei eine Art Unterweisung, ein Überführen geistiger Kräfte aus den Lehren des Guru von seinem Herzen in unseres. Bei einer solchen Auffassung betrachtet man diese Lehren als etwas uns Fremdes. Sie ähnelt der Idee einer Herztransplantation, oder – wäre dies möglich – der Transplantation eines Kopfes. Ein fremdes Element wird von außen her in unseren Körper hineinverpflanzt. Wir vermögen sogar diese Erneuerung abzuschätzen; vielleicht ist unser alter Kopf nicht mehr brauchbar, und man sollte ihn in einen Mülleimer werfen. Wir verdienen einen besseren Kopf, einen frischeren, intelligenteren, mit einer Menge Gehirn drin. Wir sind so besorgt, das Bestmögliche aus dieser Operation für uns herauszuholen, daß wir darüber den Arzt, der sie vornimmt, vergessen.

Haben wir nun aufgehört, in irgendeiner Verbindung mit ihm zu sein? Ist er kompetent? Ist der Kopf, den wir ausgesucht haben, auch wirklich brauchbar? Sollte nicht unser Arzt bei dieser Wahl auch ein Wort mitzureden haben? Es könnte ja auch sein, daß unser Körper diesen Kopf ablehnt. Wir sind so damit beschäftigt, an das zu denken, was wir *bekommen,* daß wir darüber völlig vergessen, was vor sich geht, unser Verhältnis zum Arzt, unsere Krankheit, was für ein Kopf dieser neue wirklich ist.

Diese Einstellung zur Initiation ist zwar sehr romantisch, aber leider nicht realistisch. Darum brauchen wir jemanden, der sich persönlich mit uns, wie wir wirklich sind, befaßt, der unser Bild widerspiegelt. Wann immer wir in eine Art von Selbsttäuschung verfallen, ist es nötig, den gesamten Prozeß freizulegen; jede Phase muß aufgedeckt werden.

Die eigentliche Einweihung erfolgt im »Sich-Finden der zwei Seelen«. Es ist eine Frage der Beziehung zwischen deinem wirklichen Sein und dem deines geistigen Freundes. Das ist die wahre Situation, in der die Einführung erfolgen kann. Die Vorstellung von einer Operation, in der du dich selbst völlig veränderst, ist absolut unrealistisch. Niemand kann seine Persönlichkeit von Grund auf ändern, niemand sich von innen nach außen krempeln. Du mußt dich selbst bejahen, so wie du bist und nicht, wie du zu sein wünschst. Jeglicher Selbstbetrug muß aufhören, genau wie jedes Wunschdenken. Das Wesen deiner Persönlichkeit als Ganzes muß erkannt und akzeptiert werden, dann erst magst du Eingebungen spüren.

Wenn du daher deinem Arzt zu Willen bist und dich in ein Hospital einliefern läßt, wird der Arzt seinerseits für dich dort Raum finden und für alles Notwendige Sorge tragen. Beide Partner würden so in offener Zusammenarbeit eine Situation schaffen, wie sie die Grundvoraussetzung für das »Sich-Finden zweier Seelen« ist. Auf diese Weise vollzieht sich der Akt der Gnade in der Vereinigung seelischer Substanzen zwischen dem Guru und dir selbst, in der die Segnungen, oder *adhisthana,* liegen. Der leibliche Lehrer, der Guru, öffnet sich dir, und da auch du jetzt offen bist und »erweckt«, treffen sich hier zwei identische Elemente. Dies ist die wahre Bedeutung von *abisheka,* der Einführung. Es geht hier nicht um den Beitritt zu einem Klub oder darum, einer von vielen zu werden, wie in einer Schafherde, der die Initialen des Besitzers eingebrannt bekommt.

Jetzt können wir auch darauf eingehen, was auf *abhisheka* folgt. Wir haben die Vereinigung zweier Seelen erlebt und eine wahre Verbindung mit unserem spirituellen Freund geschaffen. Wir haben nicht nur unser Selbst geöffnet, sondern auch in jäher Eingebung den unmittelbaren Sinn eines Teils der Lehren erfaßt. Der Guru schuf die Situation, in der wir dieses kurze Aufleuchten erlebten, und nun scheint alles gut zu sein.

Anfangs sind wir sehr begeistert, weil alles so wunderschön ist. Mehrere Tage befinden wir uns wohl in einem euphorischen Zustand, und es scheint fast, als hätten wir die Höhe der Buddhaschaft schon erreicht. Keine weltliche Sorge bekümmert uns, alles verläuft so glatt und reibungslos, und jederzeit sind wir zur Meditation geneigt. Es ist noch eine Folge jenes Augenblickes von Offensein mit dem Guru, eine sehr häufig beobachtete Erscheinung. In diesem Zustand kommt vielen Menschen der Gedanke, daß sie zum Weiterarbeiten ihren spirituellen Freund nicht mehr benötigen. Und so verlassen sie ihn möglicherweise und ziehen fort. Ich habe im Osten viele solcher Geschichten gehört: Manche Schüler treffen ihre Lehrer, empfangen unverzüglich Erleuchtung und gehen wieder ihrer Wege. Zwar versuchen sie, dieses Erlebnis in sich zu bewahren, aber mit der Zeit verblaßt es zu einer Erinnerung. Nichts anderes als Worte und Gedanken bleiben, die sie sich dann immer wiederholen.

Durchaus möglich ist, daß wir uns in unserer ersten Reaktion auf solch ein Erlebnis hinsetzen, um es in unserem Tagebuch festzuhalten und in Worte zu fassen. Du versuchst vielleicht, durch das Niederschreiben und durch Diskussionen mit anderen, diese Erfahrung zu verankern.

Möglich auch, daß jemand nach Ostasien reist, dort diese Erfahrung sammelt, nach dem Westen zurückkommt und seine Freunde finden ihn ungemein verändert. Er wirkt zufriedener, ruhiger, weiser. Viele mögen ihn in persönlichen Problemen um Hilfe und Rat angehen, seine Meinung zu spirituellen Erfahrungen hören. Seine Art, anderen Menschen zu helfen, wäre anfangs echt, weil er ihr Problem unter dem Aspekt seiner im Osten gesammelten Erfahrung betrachtet und schöne und wahre Erlebnisberichte gibt. Das ist sehr inspirierend für ihn.

Aber irgendwo stimmt etwas nicht. Die Erinnerung an die plötzliche Einsicht verliert an Intensität, sie hält nicht an, weil sie als etwas außerhalb des Selbst Liegendes angesehen wird. Er fühlt, er hat das plötzliche Erlebnis der Erleuchtung gehabt, und dies war ein geheiligter Augenblick. Diese Erfahrung schätzt er hoch ein und verbreitet sie in der normalen und bekannten Welt seines Heimatlandes, unter Freund und Feind, Eltern und Verwandten, unter all diesen Menschen und Bekannten, die er nun im Transzendenten überflügelt hat. Das Erlebnis ist jedoch nicht länger bei ihm. Es ist nur eine Erinnerung. Nachdem er nun aber einmal seine Erfahrung und sein Wissen dargetan hat, kann er natürlich nicht mehr davon abgehen und sagen, alles sei falsch gewesen. Es wäre zu demütigend. Darüber hinaus glaubt er ja auch noch an sein Erlebnis, daran, daß etwas ihn zutiefst berührt hat. Aber leider ist es nun nicht länger vorhanden, da es benutzt und verwertet worden ist.

Ganz allgemein gesprochen: was einen Moment nach dem plötzlichen Sich-Öffnen geschah, war, daß wir uns dieses Vorganges bewußt wurden und damit unversehens der Gedanke an seine Bewertung auftauchte: »Wie phantastisch! Ich muß es fassen und halten und behalten; es ist ein so seltenes, wertvolles Erlebnis!« Und so versuchen wir, an diesem Erlebnis festzuhalten, und damit beginnt das Problem, nämlich die echte Erfahrung des Sich-Aufschließens für etwas Wertvolles anzusehen. Im Augenblick aber, wo wir dies tun, setzt eine Reihe von Kettenreaktionen ein.

Sobald wir etwas für wertvoll und ungewöhnlich halten, wird es etwas von uns Getrenntes. Beispielsweise betrachten wir unsere Augen, unseren Körper, unsere Hände und unseren Kopf nicht als wertvoll, weil wir wissen, sie sind ein Teil von uns. Verlören wir jedoch eines von ihnen, so würden wir das in natürlicher Reaktion als einen großen Verlust empfinden – »Ich habe meinen Kopf verloren, ich habe meinen Arm verloren, unmöglich, ihn zu ersetzen!« Dann wird uns erst klar, wie wesentlich es war; erst wenn es von uns getrennt ist, erkennen wir das. Was wir aber allzeit bei uns haben, ist nur Teil eines Ganzen; wir schätzen es nicht besonders, es ist einfach da. Die Bewertung entspringt der Angst, von etwas getrennt zu werden. Uns erscheint eine plötzliche Inspiration so besonders wichtig, weil wir fürchten, sie zu verlieren. Hier kommt der Moment, wo der Selbstbetrug einsetzt; mit anderen Worten, wir haben den Glauben an das Erlebnis unseres Sich-Öffnens verloren.

Irgendwie haben wir die Einheit dieses Vorganges mit unserem Selbst eingebüßt. Das Ganze wurde eine separate Angelegenheit und wir begannen, damit Spiele zu treiben. Natürlich können wir nicht eingestehen: »Ich hatte das Erlebnis, aber nun habe ich es verloren.« Das würde unserem Ruf als einem reifen Menschen schaden. So wird das wiederholte Erzählen unserer Geschichten ein Teil unseres Selbstbetruges. Wir ziehen dies einem echten Erlebnis der Aufschließung vor, denn die Geschichten sind sehr lebendig und unterhaltsam: »Wenn ich mit meinem Guru zusammen war, geschah dies und das, sagte er dieses und jenes, öffnete ich mich in dieser und jener Art usw., usw.«

Selbstbetrug heißt in diesem Falle, eine vergangene Situation immer wieder heraufzubeschwören, anstatt sie im nämlichen Augenblick zu erleben. Um jedoch dieses Erlebnis immer wieder zu haben, müßte man auf jegliche Bewertung – wie wundervoll jenes Ereignis war – verzichten, weil es gerade die Erinnerung ist, die ein neues Erleben verhindert. Es ist ein Spiel der Selbsttäuschung.

Selbstbetrug bedarf eines Wertbegriffes und eines sehr langen Erinnerungsvermögens. Beim Zurückdenken überkommt uns die Nostalgie, aber wir wissen nicht, wo wir gerade in diesem selben Augenblick sind. Wir erinnern uns an »schöne Stunden« und an die »gute, alte Zeit«.

Wir erlauben unserer Depression nicht, sich zu zeigen, wir unterdrükken den Verdacht, daß wir irgendwie aus dem Takt gekommen sind. Wann auch immer sich eine Depression und das Gefühl eines Verlustes ankündigt, ruft der Verteidigungsmechanismus des Ego sofort Erinnerungen und Worte ins Gedächtnis, die uns beruhigen. So schaut das Ego dauernd nach Inspiration aus, die nicht in der Gegenwart verwurzelt ist; es ist ein ständiges Suchen im Vergangenen. Das ist die kompliziertere Art von Selbsttäuschung: Man verhindert einfach das Entstehen jeglicher Niedergeschlagenheit. »Da ich solche Segnungen empfangen habe und so glücklich war, spirituelle Erlebnisse zu haben, wie kann ich da glauben, ich sei deprimiert? Unmöglich, hier ist einfach kein Raum für Depressionen.«

Es gibt da die Geschichte des großen tibetischen Lehrers Marpa. Als Marpa seinen eigenen Lehrer Naropa zum ersten Mal traf, errichtete Naropa einen Schrein, von dem er sagte, er sei die Verkörperung der Weisheit eines besonderen *heruka*. Beide, Schrein und Naropa, strömten eine ungeheure geistige Kraft und Energie aus, und Naropa fragte Marpa, vor wem er niederfallen solle, um eine jähe Erleuchtung zu empfangen. Marpa, der ein Gelehrter war, meinte, daß der Guru, in einem gewöhnlichen menschlichen Körper lebend, auch menschlicher Unvollkommenheit ausgesetzt sei, während im Gegensatz dazu die Schöpfung des Altars ein reiner Körper der Weisheit sei. Und so warf sich Marpa vor dem Schrein nieder. Aber Naropa sagte: »Ich fürchte, deine Inspiration wird dahinschwinden, denn du hast falsch gewählt. Dieser Schrein ist eine Schöpfung von mir, ohne mich gäbe es ihn gar nicht. Die Gegenüberstellung von menschlichem Körper und Verkörperung der Weisheit ist gegenstandslos. Die großartige Zurschaustellung des *mandala* war lediglich meine Schöpfung.«

Diese Geschichte illustriert das Prinzip von Traum, Hoffnung und Wunsch als Selbsttäuschung. Solange du dich oder einen Teil deiner Erfahrungen als wahr gewordene Träume betrachtest, unterliegst du dem Selbstbetrug. Selbsttäuschung scheint stets auf einer Traumwelt zu beruhen; du möchtest gern das sehen, was du noch nicht gesehen hast, jedenfalls lieber als das, was du gegenwärtig siehst. Du willst weder das akzeptieren, was hier *ist,* noch die Situation selbst, wie sie ist. Daher manifestiert sich Selbsttäuschung stets im Schaffen und Wiederschaffen einer Traumwelt; es ist die Sehnsucht nach dem Traumerlebnis. Das Gegenteil von Selbsttäuschung ist, die Tatsachen im Leben zu akzeptieren.

Wer nach Erfüllung und Freude als Verwirklichung seiner Phantasie und seiner Träume sucht, wird verzagen und in Depression verfallen.

Worum es wirklich geht, ist Angst vor einer Trennung und Hoffnung, eine Vereinigung zu erlangen – aber das sind nicht einfach Manifestationen oder Aktionen des Ego oder des Selbstbetruges, so als sei das Ego etwas Wirkliches, das eine bestimmte Handlung vornehmen könne. Das Ego selbst *ist* die Angst vor dem Verlust des egolosen Zustandes und der Fähigkeit, sich öffnen zu können. Hierin liegt das Wesen des Selbstbetruges – das Ego beklagt den Verlust des egolosen Zustandes, seinen Traum von Erfüllung. Angst, Hoffnung, Verlust, Gewinn – alles sind Aktionen, die im Traum des Ego vorgehen und die immerwährende, sich selbst erhaltende Struktur der Selbsttäuschung ausmachen.

Das wahre Erlebnis hinter der Traumwelt ist es, das Jetzt im täglichen Leben, Farbenfülle und Erregung der echten Erfahrung. Wenn wir die Dinge vergegenwärtigen, wie sie wirklich sind, geben wir die Hoffnung auf etwas Besseres auf. Es gibt keine Magie, mit der wir uns befehlen könnten, von unseren Depressionen zu lassen. Was auch immer wir erfahren, Depressionen, Unwissenheit, Gefühle, alles ist wirklich und enthält eine tiefe Wahrheit. Wenn wir wirklich lernen und dieses Erlebnis der Wahrheit vor uns sehen wollen, müssen wir so sein, wie wir sind. Das Ganze ist nicht wichtiger als ein Sandkorn.

F: Ich wüßte gern Näheres über die in der Verzweiflung wirkende Kraft. Ich kann mir zwar erklären, wie man in Verzweiflung geraten kann, aber wie entsteht Wonne?

A: Es ist möglich, sich zunächst ein Glücksgefühl in einer Art Selbsthypnose einzusuggerieren, indem wir uns weigern, die Hintergründe so zu sehen, wie sie sind. Wir konzentrieren uns lediglich auf das unmittelbare Glücksgefühl. Wir ignorieren vollständig alles, was um uns her vorgeht und manövrieren uns da selbst hinein. Der Haken liegt jedoch darin, daß einem solchen Erlebnis ausschließlich die Selbstbeobachtung zugrunde liegt. Wir wünschen uns so sehr ein Erlebnis, und wenn wir hart daran arbeiten, können wir es auch wirklich erlangen. Sowie wir jedoch von unseren »Höhen« herunterkommen, wird uns klar, daß wir immer nur unten waren, gleich einem schwarzen Stein inmitten eines Ozeans von Wellen – und dann setzt die Depression ein. Wir möchten so gern trunken sein, im Universum aufgesogen, aber irgendwie geschieht das nicht. Wir sind immer noch hier, und diese Feststellung ist stets die erste, die uns wieder zur Erde zurückbringt. Alle späteren Spielarten des Selbstbetruges im Versuch, uns »aufzuschwingen«, dienen nur unserem Selbstschutz: es ist ein Auf-der-Hut-Sein.

F: Sie sprechen davon, wie Menschen ein Erlebnis haben, es dann intellektuell verarbeiten, etikettieren und sagen: »Es ist einfach phantastisch.« Diese Reaktion ist beinahe automatisch. Gibt es nicht vielleicht eine Möglichkeit, sich davor zu bewahren? Mir scheint, je mehr man zu bewerten sucht, um so unmöglicher wird es, eben diese Bewertung auszuschalten.

A: Nun ja, sofern dir klar ist, daß sich dies so verhält und für dich nichts dabei herauskommt, bist du bereits auf dem besten Wege dazu, einen Ausweg zu finden. Man beginnt zu erkennen, daß dieser ganze Vorgang Teil eines riesigen und durchaus nicht profitablen Spiels ist, denn du bist ständig dabei, etwas aufzubauen, ohne zu einem Verständnis von irgend etwas zu kommen. Hier sind weder Magie noch Tricks im Spiele. Das einzige, was getan werden muß, ist eine ziemlich schmerzhafte Demaskierung.

Wahrscheinlich wirst du bauen und bauen müssen, bis dir klar wird, daß man auf diese Weise keine Spiritualität erlangen kann. Dein ganzes Gehirn ist von einem vergeblichem Ringen erfüllt. Du weißt tatsächlich nicht mehr, ob du kommst oder gehst, und dies hält an bis zur völligen Erschöpfung. Dann lernst du vielleicht eine sehr brauchbare Lektion: Gib alles auf, um nichts zu sein. Ja, du magst dich sogar danach sehnen, nichts zu sein. Hier scheint es zwei Lösungen zu geben: entweder einfach die Maske fallen zu lassen oder bis zum Crescendo zu bauen und zu bauen, streben und streben, um dann die ganze Sache fallen zu lassen.

F: Was geschieht, wenn man sagt: »Himmel, ich hab's geschafft!« Das zerstört doch wohl nicht wieder alles, oder?

A: Nein, nicht unbedingt, aber immerhin – was geschieht danach? Willst du dieses Erlebnis ständig wiederholen, statt lieber mit dem zu arbeiten, was die gegenwärtige Situation dir bietet? Man kann beim ersten Sich-Öffnen ein unirdisches Freudegefühl erfahren, so schön, daß es nicht zu beschreiben ist. Aber was nachher kommt, ist wichtig: Ob man an einer Wiederholung dieses Erlebnisses arbeitet, oder ob man es so sein läßt – einfach als eine Erfahrung, ohne zu versuchen, den ersten Freudenrausch zurückzurufen.

F: Du hast den Ehrgeiz, in einem fort zu bauen, und je mehr du daran denkst, um so schlimmer wird es. Du versuchst, allem davonzulaufen, nicht mehr daran zu denken und verlierst dich in verschiedenen Fluchtversuchen. Woher kommt das und wie kann man darüber hinwegkommen? Je mehr man über Erleuchtung nachdenkt und etwas darüber zu erfahren sucht, um so mehr verschlimmert sich die Lage. Was ist da zu tun?

A: Das ist ziemlich offensichtlich. Du gibst alles Suchen auf und jeglichen Versuch, etwas zu entdecken und jede Selbsterprobung.

F: Aber manchmal mag man ein intensives Gefühl des Davonlaufens haben, und das ist nicht dasselbe, wie die Hände im Schoß zu falten.

A: Beim Versuch davonzulaufen merkst du, daß du nicht bloß von hinten gejagt wirst, sondern daß dir auch Menschen von vorn entgegenkommen. Am Ende findest du keinen Platz mehr; du bist völlig gefangen. Das einzige, was dann noch zu tun bleibt, ist ein völliges Nachgeben.

F: Was heißt das?

A: Nun, das muß man erfahren haben. Es heißt – nirgendwo mehr hinwollen, sowohl im Sinne des Davon- als auch des Dahinlaufens, denn beides bedeutet das gleiche.

F: Ist Selbst-Erinnern oder Selbst-Beobachtung unvereinbar mit einem Sich-Aufgeben?

A: Selbst-Erinnern ist eine ziemlich gewagte Technik. Sie könnte Überwachung deiner selbst und deiner Handlungen einschließen, so wie eine hungrige Katze eine Maus beobachtet, oder es könnte eine kluge Gebärde dessen sein, was du bist. Im ganzen gesehen ist es so, daß, sofern du irgendein Verbindungsgefühl hast – »Ich erfahre dies, ich tue dies« –, jenes »Ich« und »Dies« sehr starke, gleichwertige Persönlichkeiten sind. Es ist da irgendein Konflikt zwischen dem »Ich« und dem »Dies«, so als wolle man sagen: »Ich« ist die Mutter und »Dies« ist der Vater. Wo sich solch polar Gegensätzliches verbindet, muß irgend etwas entstehen. Hier ist der Kernpunkt: Laß »Dies« nicht da sein, und sogleich wird »Ich« auch nicht da sein. Oder wenn »Ich« nicht da ist, kann auch kein »Dies« da sein. Es kommt nicht darauf an, daß du es dir selbst sagst, sondern nur, daß du es fühlst. Es ist eine wirkliche Erfahrung. Du mußt den Wächter, den Aufseher über diesen beiden Polen fortnehmen; sowie er fort ist, fällt die ganze Struktur zusammen. Die Zweiteilung bleibt nur so lange bestehen, wie ein Beobachter das Bild zusammenhält. Ihn mitsamt seiner sehr komplizierten Bürokratie mußt du entfernen, um sicher zu sein, daß nichts Störendes mehr im Wege steht. In dem Moment, in dem wir den Beobachter fortschicken, entsteht ein riesiger Leerraum, den er und seine Bürokratie füllten. Wenn man den Filter von »ich« und »anderes« eliminiert, gewinnt der Raum intelligente Schärfe und Präzision. Raum enthält eine unwahrscheinliche Präzision und Fähigkeit, mit der Situation in ihm zu arbeiten. Man braucht daher weder den »Aufseher« noch den »Beobachter«.

F: Existiert der Wächter vielleicht deshalb, weil man auf einer höheren Ebene leben möchte, während man beim einfachen »Sich-Gehen-Lassen« wahrscheinlich *hier* wäre?

A: Ja, das stimmt. Sobald der Wächter verschwindet, vergeht auch die Vorstellung von höheren und niedrigeren Ebenen. Damit entfällt auch das Bemühen, eine höhere Stufe zu erreichen; dann bist du einfach das, was du bist.

F: Läßt sich der Wächter mit Gewalt entfernen? Würde hier nicht wieder das Spiel der Bewertung beginnen?

A: Du mußt den Wächter nicht als Bösewicht ansehen. Sobald du zu verstehen beginnst, daß uns Meditation nicht dient, um »höher« zu streben, sondern um hier gegenwärtig zu sein, kann der Wächter seine Funktion nicht mehr erfolgreich ausführen und fällt automatisch weg. Die Grundidee des Wächters ist die, besonders wirkungsvoll und aktiv zu sein. Aber totale Bewußtheit ist etwas, was du schon hast, deshalb sind alle ehrgeizigen oder sog. effizienten Bemühungen darum überflüssig. Sowie der Wächter das erkennt, verschwindet er von selbst.

F: Gibt es eine Erkenntnis ohne Wächter?

A: Ja, denn der Wächter ist ja nur eine Wahnvorstellung. Du kannst eine völlige Offenheit erreichen – eine Gesamtschau –, ohne zwischen den beiden Parteien »ich« und »anderes« zu unterscheiden.

F: Würde solch eine Bewußtheit ein Wonnegefühl enthalten?

A: Ich glaube nicht. Wonne ist ein sehr individuelles Erlebnis. Du bist mit deinem Glücksgefühl allein. Ist jedoch der Wächter fort, wird ja das Erlebnis nicht mehr bewertet, weder als angenehm noch als schmerzhaft. Wenn du die totale Bewußtheit ohne die Beurteilung des Wächters erlebst, dann wird Wonne unbedeutend, schon aufgrund der einfachen Tatsache, daß niemand sie erfährt.

Der schwere Weg

Insofern, als niemand uns retten kann, d. h. keiner die magische Kraft besitzt, uns zu erleuchten, wird der Weg, den wir hier diskutieren, »der schwere Weg« genannt. Es entspricht nicht unseren Erwartungen, daß eine Verbundenheit mit buddhistischen Lehren nicht sanft, friedfertig, angenehm und erbarmungsvoll sei. Es ist ein kompromißloser Weg, die Vereinigung zweier Seelen; wenn du dein Innerstes öffnest, wird sich der Lehrer dir gegenüber gleichfalls öffnen. Es ist keine Magie dabei; die Vorbedingung des Sich-Öffnens liegt in der Gegenseitigkeit.

Wenn wir von Frieden, Befreiung oder geistigem Einvernehmen sprechen, glauben wir gewöhnlich, dies völlig ohne unser Zutun erreichen zu können; irgend jemand wird sich schon um uns kümmern. »Mit dir ist ja alles in Ordnung, mach dir keine Sorgen, weine nicht; alles wird gut werden. Ich werde mich deiner annehmen.« Wir neigen dazu zu glauben, alles, was wir dabei zu tun haben, sei, uns einer Organisation zu verschreiben, unsere Eintrittsgebühr zu bezahlen, uns im Register einzutragen und dann den uns gegebenen Instruktionen zu folgen. »Ich bin der festen Überzeugung, daß eure Organisation gut für mich ist und alle meine Fragen beantworten kann. Daher mögt ihr mich auch in jeder Weise beeinflussen, und falls ihr mich in eine schwierige Situation bringen wollt, dann tut dies. Ich überlasse mich euch ganz und gar.« Solche Haltung hat das Angenehme für sich, daß man gar nichts anderes zu tun braucht, als Anweisungen zu befolgen. Alles ist anderen Personen überlassen, die dich lehren und dich von deinen Mängeln befreien. Aber zu unserer Überraschung gehen die Dinge nun einmal nicht so. Der Gedanke, daß wir selbst nichts zu tun brauchen, ist nur ein frommer Wunsch.

Es bedarf riesiger Anstrengungen, sich durch die Schwierigkeiten dieses Weges hindurchzukämpfen, und sie erstrecken sich auf alle möglichen Lebenssituationen. So liegt das Hauptgewicht auf dem schweren Weg darin, daß jeder Schüler sich seiner eigenen Bemühungen bewußt zu werden hat, um den Prozeß der Demaskierung zu durchlaufen. Man muß bereit sein, allein zu stehen, und das ist schwierig.

Damit soll jedoch nicht gesagt sein, daß der schwere Weg ein Heldentum verlangt. Derartige Vorstellungen basieren auf der Annahme, daß wir schlecht, unwürdig und zu einem spirituellen Einvernehmen nicht bereit seien. Wir müssen uns ändern, anders werden als zuvor. Wenn wir beispielsweise dem Mittelstand angehören, müssen wir unseren Arbeitsplatz oder unser Universitätsstudium aufgeben, aus unserer Vorortvilla ausziehen, unsere Haare lang wachsen lassen und uns sogar in Drogen versuchen. Sind wir Hippies, so müssen wir Drogen aufgeben, uns die Haare abschneiden und unsere zerfetzten Hosen wegwerfen. Wir halten uns für besonders heldenhaft, wir können jeder Versuchung widerstehen. Wir werden Vegetarier oder dies und jenes. Es gibt so viele Möglichkeiten, wie man werden kann. Wir halten unseren Weg für spirituell, weil er uns in eine entgegengesetzte Richtung führt, jedoch ist dies nur falsches Heldentum, und das einzig Heldenhafte auf diesem Weg ist das Ego.

Wir können diese Art von falschem Heroismus ins Extrem steigern und uns damit in die schwierigsten Situationen bringen. Wenn die Lehre, der wir uns überantworten, von uns verlangt, täglich 24 Stunden auf dem Kopf zu stehen, dann tun wir das. Wir sind geläutert, praktizieren Abhärtung, fühlen uns völlig rein und tugendhaft; zu einem bestimmten Zeitpunkt scheint das auch ganz in Ordnung zu sein.

Vielleicht versuchen wir, gewisse spirituelle Pfade zu imitieren, etwa einen Hindu-Pfad oder einen japanischen Zen-Buddhisten-Pfad. In dem Versuch, ihrem Beispiel zu folgen, werfen wir vielleicht unsere ganzen Kleider fort. Oder wir entschließen uns, nach Nordindien zu gehen, um uns den Tibetern anzuschließen. Wir kleiden uns tibetisch und machen uns die dortige Lebensart zu eigen. Das erscheint uns als »der harte Weg«, denn es gilt, ständig Hindernisse und Versuchungen zu überkommen, die uns von unserem Zweck abbringen wollen.

Während wir in einem Hindu-Ashram sitzen und seit sechs oder sieben Monaten keine Schokolade mehr gegessen haben, träumen wir von Schokolade und anderen Gerichten, die wir mögen. Vielleicht sehnen wir uns nach Weihnachten oder einer Neujahrsfeier. Aber immer noch glauben wir, daß wir den Pfad der rechten Zucht gefunden haben. Wir haben uns auf diesem Wege durch Schwierigkeiten hindurchgekämpft, sind recht kompetent geworden und Meister in Zucht und Ordnung. Nun erwarten wir, daß uns Magie und die Weisheit unserer religiösen Übungen in den richtigen Geisteszustand versetzen wird. Manchmal vermeinen wir auch schon, unser Ziel erreicht zu haben. Vielleicht befinden wir uns über einen Zeitraum von sechs oder sieben Monaten in einem gehobenem Zustand. Später vergeht jedoch unsere

Ekstase. Und so geht es immerfort auf und ab. Wie verhalten wir uns in dieser Situation? Zwar sind wir fähig, über eine ziemlich lange Zeit hinaus »hoch« oder selig zu sein, aber dann müssen wir doch hinunter und zum normalen Sein zurückkehren.

Ich will damit nicht sagen, daß fremde erzieherische Überlieferungen auf dem spirituellen Pfad nicht anwendbar seien. Ich meine vielmehr, daß wir vermuten, es könnte da irgendeine Medizin oder magische Arznei geben, die uns zur richtigen Gemütsverfassung verhilft. Dies jedoch hieße, das Problem von hintenherum angehen. Wir hoffen, durch Manipulation von Dingen, Manipulation der physikalischen Welt Weisheit und Verstand zu erlangen. Wir erwarten vielleicht sogar, daß uns Wissenschaftler hierbei helfen: sie stecken uns in ein Hospital und verabreichen uns die richtigen Drogen, durch die wir uns in das höchste Bewußtseinsstadium versetzen. Aber leider, glaube ich, ist das unmöglich; wir können dem, was wir sind, nicht entrinnen, wir tragen es allzeit in uns.

Und so kommen wir zu dem Punkt, daß ein *wirkliches* Geschenk oder Opfer nötig ist, wenn wir uns selbst ganz öffnen wollen. Das Geschenk kann jederlei Form annehmen. Aber um sinnvoll zu sein, muß es ohne den Gedanken an ein Gegengeschenk gegeben werden. Es spielt dabei keine Rolle, wie viele Titel wir haben, wie viele Kleidungsstücke aus exotischem Stoff von uns abgetragen worden sind oder wie viele Philosophien wir studiert und an welchen heiligen Zeremonien wir teilgenommen haben. Wir müssen jede Erwartung aufgeben, für unser Geschenk ein Gegengeschenk zu empfangen. Das ist der wirklich schwere Weg.

Wir mögen ein wunderschönes Reiseerlebnis von unserer Fahrt nach Japan heimgebracht haben. Wir genossen die japanische Kultur, sahen ehrwürdige Zen-Tempel und erlesene Kunstwerke. Sie sind Kulturschöpfungen aus einem Lebensraum, der so völlig verschieden von unserer westlichen Welt ist. Aber inwieweit vermag uns die Erlesenheit eines Kunstwerkes und die Schönheit seiner äußeren Form ergreifen? Das wissen wir nicht; wir wollen uns lediglich die herrlichen Erinnerungen erhalten. Wir vermeiden es, unser Erlebnis zu genau unter die Lupe zu nehmen. Es ist ein empfindlicher Punkt.

Vielleicht hat uns auch ein besonderer Guru in einer sehr bedeutungsvollen Kulthandlung eingeweiht. Diese Zeremonie war echt, direkt und schön, aber wie weit sind wir bereit, dieses Erlebnis zu untersuchen? Es ist zu persönlich, zu zart für eine Untersuchung. Wir wollen uns lieber Glanz und Schönheit dieses Erlebnisses bewahren, um in trüber und schwerer Zeit unsere Erinnerung daran aufzufrischen und uns sagen zu können, wir haben wirklich etwas Wesentliches erlebt; ja, wir sind auf dem rechten Pfad. Es scheint dies durchaus nicht der harte Weg zu sein.

Im Gegenteil, es sieht beinahe so aus, als hätten wir etwas bekommen, anstatt zu geben. Können wir uns irgendeiner Gelegenheit erinnern, bei der wir etwas Echtes gegeben hätten, in der wir uns öffneten und alles hingaben? Haben wir uns je demaskiert, sind wir je aus unserer Rüstung herausgestiegen oder aus unserem Körper? Haben wir je diesen Vorgang des Entblößens, Öffnens und Gebens dabei erlebt? Das ist die Kernfrage. Wir müssen uns wirklich hingeben, etwas geben, etwas in einer sehr schmerzlichen Weise aufgeben. Wir müssen die Grundstruktur unseres Ego auseinandernehmen. Der Vorgang dieses Abbauens ist der eigentliche Lernprozeß. Höchstwahrscheinlich schaffen wir es nicht, auch nur ein bißchen abzubauen. Wir haben nur angesammelt, aufgebaut, und Lage um Lage hinzugefügt. Darum ist die Aussicht auf den harten Weg nicht sehr vielversprechend.

Unser Problem ist, daß wir nach einer einfachen und schmerzlosen Antwort suchen. Aber solche Lösung kann es auf dem spirituellen Weg nicht geben, einem Weg, den viele von uns gar nicht erst hätten betreten sollen. Haben wir uns ihm jedoch einmal verpflichtet, so bringt er uns unwiderruflich auch Schmerzen – daran ist nichts zu ändern. Wir haben uns selbst zur Pein der Selbstentblößung verpflichtet, zum Ablegen unserer Kleider, Haut, Nerven, unseres Herzens und unseres Gehirns – bis wir völlig entblößt im Universum stehen. Nichts wird übrig bleiben. Es wird schrecklich peinigend sein, aber so ist es nun einmal.

Irgendwie fühlen wir uns in Gesellschaft eines fremden Arztes. Er wird uns ohne Betäubung operieren, denn er will unmittelbar an unseren Krankheitsherd herankommen. Er wird uns weder gestatten, unsere spirituelle Maske noch psychologische Tarnung oder sonst eine Verkleidung anzulegen. Wir wünschen, wir hätten ihn nie gesehen oder wüßten zumindest, wie wir uns selbst betäuben könnten. Aber nun ist es zu spät. Es ist nicht so, daß er die Macht hätte, uns zu halten. Wir könnten uns in der nächsten Minuten von ihm verabschieden und unserer Wege gehen. Aber wir haben uns nun vor diesem Arzt entblößt, und hätten wir diese Prozedur noch einmal durchzumachen, wäre es wieder so schmerzhaft. Das wollen wir nicht noch einmal tun, und so müssen wir konsequent bleiben.

Für uns ist das Zusammensein mit dem Arzt außerordentlich unbequem, und so versuchen wir ständig, ihn zu hintergehen, obschon wir wissen, daß er uns durchschaut. Die Operation ist seine einzige Möglichkeit, in uns einzudringen, und wir müssen das akzeptieren. Je öfter wir fragen: »Was wirst du mit uns tun?«, um so bestürzter wird es uns machen, denn wir wissen ja, was wir sind. Es ist ein ganz schmaler Pfad, ein schmerzvoller Pfad ohne Entkommen. Wir müssen uns völlig in seine Hände geben und allem zustimmen. Darüber hinaus müssen wir unsere Hoffnungen auf die Magie des Gurus aufgeben und darauf, daß er uns mit seinen übernatürlichen Kräften auf schmerzlose Weise einführen könne. Wir müssen bereit sein, vollständig offen und direkt mit unserem Freund übereinzukommen, ohne etwas vor ihm verborgen zu halten. Er ist schwierig und schmerzhaft, der schwere Weg.

F: Ist das Sich-Öffnen etwas, was einem einfach geschieht, oder kann man es in bewußter Absicht erreichen?

A: Sobald du einmal in dieser Entwicklung des Sich-Aufschließens begriffen bist, wird dir klar, daß es dir leichter fällt, je weniger du es forcierst. Ich würde sagen, es ist eher ein selbstgesteuerter Vorgang als etwas, was deinerseits zu tun wäre. Im Anfang, als wir über Hingabe sprachen, sagte ich, daß du überhaupt nichts zu tun brauchtest, nachdem du deinem Guru einmal alles offenbart hast. Es ist einfach eine Frage des Hinnehmens, wozu wir ohnehin neigen. Oft finden wir uns in Situationen völlig nackt und wünschten, wir hätten Kleider, um uns zu bedecken. Dieses beschämende Gefühl haben wir häufig im Leben.

F: Bedürfen wir eines spirituellen Freundes, um uns aufschließen zu können, oder kann das einfach aus einer Lebenssituation heraus geschehen?

A: Ich glaube, du brauchst jemanden, der dich dabei beobachtet, denn dann erscheint es dir realer. Es ist sehr einfach, sich in einem leeren Raum zu entkleiden, aber wir finden es schwierig, dies in einem Raum voller Leute zu tun.

F: So geht es eigentlich darum, sich vor sich selbst zu öffnen?

A: Ja, aber wir empfinden es nicht so. Wir sind uns der Zuschauer sehr bewußt, weil wir uns unser selbst so bewußt sind.

F: Ich begreife nicht, warum strenge Zucht und asketisches Leben nicht der wirklich schwere Weg sind.

A: Du kannst dir selbst etwas vormachen und glauben, du gingest jenen schweren Weg, während du es in Wirklichkeit durchaus nicht tust; es ist, als spieltest du in einem Heldenstück mit. Der »sanfte Weg« hat etwas Theatralisches an sich, während der »harte Weg«

sehr persönlich ist. Demjenigen, der den Weg des Heldentums gegangen ist, steht immer noch der harte, schwere Weg bevor, und das ist dann eine höchst unerfreuliche Entdeckung.

F: Muß erst der heldische Weg gegangen werden, um danach auf den wahren schweren Weg zu kommen?

A: Nein, das glaube ich nicht, und ich versuche, das klarzumachen. Auf dem heldenhaften Weg schichtest du Lagen deiner Haut über deine Persönlichkeit und glaubst dann, du habest etwas erreicht. Später entdeckst du jedoch zu deiner großen Enttäuschung, daß noch etwas ganz anderes erforderlich ist. Dann mußt du jene Hautlagen wieder abnehmen.

F: Sie sprechen davon, daß es notwendig sei, große Schmerzen auf sich zu nehmen. Kann ein Verständnis für den Vorgang der Demaskierung solche Schmerzen nicht ersparen?

A: Das ist ein heikler Vorschlag. Etwas verstehen heißt nicht unbedingt, es auch tun können; man versteht es eben nur. Wir können den körperlichen Vorgang einer Folterung und den damit verbundenen Schmerz durchaus verstehen, aber es am eigenen Leibe zu erfahren, ist etwas ganz anderes. Ein philosophisches und intellektuelles Verstehen des Schmerzes ist nicht genug. Man muß es auch selbst fühlen. Die einzige Möglichkeit, einer Sache auf den Grund zu kommen, ist die eigene Erfahrung. Du selbst brauchst jedoch keine schmerzvollen Situationen zu schaffen. Dies wird mit Hilfe des Guru geschehen, der wie ein Arzt mit einem scharfen Messer ist.

F: Im Begriff, sich dem spirituellen Freund auszuliefern, kommt die furchterregende Erfahrung in dem Augenblick, wo er nach dem Messer greift und man ohne Narkose ist. Der Freund scheint ärgerlich und angewidert zu sein, und am liebsten möchte man davonlaufen. Können Sie das erklären?

A: Aber das ist es ja gerade. Es ist eine Operation ohne Narkose. Du mußt willens sein, sie durchzustehen. Wenn du jetzt davonläufst, gleichst du einem Mann, der am Blinddarm operiert werden muß und aus dem Operationssaal läuft; sein Blinddarm kann durchbrechen.

F: Aber dies hier geschieht doch ganz im Anfang deiner Verbindung mit dem Seelenfreund, nachdem du knapp fünf Minuten mit ihm zusammen warst. Plötzlich fällt das Dach ein, und er läßt dich allein. Vielleicht sagt er: »Ich gehe nicht mit dir auf diese Reise. Die fünf Minuten sind vorbei. Gib dich hin, gib auf, werde mit dir selber fertig, und wenn du völlig frei und gelockert bist, dann will ich mit dir reden.« So habe ich es erlebt.

A: Sieh, es spielt keine Rolle, ob du Anfänger oder ein fortgeschrittener Schüler bist. Die Frage ist, inwieweit eine Person sich selbst erforscht hat, sich selbst kennt. Es ist wie bei einer gewöhnlichen Krankheit. Angenommen, du reist in ein anderes Land, wirst krank und entschließt dich, zum Arzt zu gehen. Er kann kaum deine Sprache sprechen, wohl aber deinen Körper untersuchen und feststellen, was dir fehlt. Er beschließt, dich sofort in ein Krankenhaus einzuliefern und zu operieren. Alles hängt davon ab, wie weit deine Krankheit fortgeschritten ist. Das entscheidet über den Zeitpunkt der Operation. Du kannst sterben, wenn du eine Blinddarmentzündung hast und der Arzt zu lange wartet, um sich vielleicht erst mit dir anzufreunden. Das würdest du gewiß nicht für eine gute ärztliche Behandlung halten.

F: Wie kommt man eigentlich zu dem ersten Schritt auf diesem Pfad? Was lenkt einen dorthin – ist es Zufall, Schicksal, Karma?

A: Wenn du dich völlig öffnest, bist du schon auf dem Wege dorthin. Öffnest du dich nur halb, bist du auch erst auf halbem Wege. Es liegt ganz an dir. Je weniger Information du deinem Arzt gibst, um so länger dauert die Genesung, da du ihm kein vollständiges Bild gegeben hast. Je mehr du ihm jedoch erzählst, um so schneller vermag er dich zu kurieren.

F: Wenn der wahre harte Weg der des Sich-Öffnens ist, sollte ich mich dann auch dem öffnen, was ich für das Böse halte und wovon ich weiß, es kann mich verletzen?

A: Sich-Öffnen ist kein Märtyrertum, heißt nicht, sich allem Bedrohenden auszusetzen. Du brauchst nicht vor einem heranbrausenden Zug zu stehen, um dich selbst zu öffnen. Das wäre der heldenhafte – der falsche Weg.

Immer, wenn wir mit etwas konfrontiert werden, das wir als das Böse bezeichnen, bedeutet dies nur eine Bedrohung für das Selbsterhaltungsgefühl des Ego. Wir sind dann so davon beansprucht, unsere Existenz davor zu bewahren, daß wir nicht imstande sind, die Dinge klar zu sehen. Das Sich-Öffnen verlangt, daß wir unseren Wunsch zur Selbsterhaltung aufgeben. Dann erst können wir die Situation klar überschauen und mit ihr fertig werden.

F: Das ist wohl nur eine einmalige Sache. Ich meine damit, daß ich im Notfall durchaus meine Maske wieder aufsetzen kann, obschon ich dies eigentlich gar nicht möchte. Es scheint mir, völlige Offenheit zu erreichen, ist eine ziemlich komplizierte Angelegenheit.

A: Jedes Bemühen um deine Selbst-Aufgabe ist zwecklos. Hast du diesen Pfad einmal betreten, gibst du jeden Kampf auf, und das ist der Kernpunkt des ganzen Problems. Es geht nicht länger um die Frage, ob man in Lebenssituationen verwickelt werden will oder nicht. Der Urinstinkt des Ego versagt, denn er basiert auf Informationen aus zweiter Hand, nicht auf unmittelbarer Erfahrung. Kampf ist Ego. Gibst du jedoch den Kampf auf, dann bleibt nichts übrig, was zu bekämpfen wäre; es verschwindet einfach. Du siehst also, es kommt hier gar nicht darauf an, einen Sieg über den Kampf zu erringen.

F: Wenn man sich ärgert, sollte man dann seinem Ärger einfach Luft machen, um sich zu öffnen?

A: Wenn wir von Öffnen und Selbstaufgabe sprechen, bedeutet dies im Falle von Ärger nicht, daß wir auf der Stelle jemanden schlagen sollten. Das dient nur der Befriedigung des Ego und ist nicht die rechte Art, den eigentlichen Gehalt deines Ärgers zu erkennen. Es würde mit deiner Selbsttäuschung im Einklang stehen. Nötig ist es, der Situation auf den Grund zu kommen, nicht so sehr, etwas in ihr zu tun. Steht man vollständig unvoreingenommen einer Situation gegenüber, ergibt sich das richtige Verhalten von selbst. Das Urteil liegt zwar nicht völlig bei dir, aber du wählst die beste Form.

F: Sind Sammeltrieb und Maskierungen unvermeidbare Phasen in unserer Entwicklung?

A: Wir sammeln Dinge, von denen zu trennen uns späterhin schwer fällt. Das ist wie bei Nähten in unserer Haut nach einer Operation. Wir fürchten uns davor, sie gezogen zu bekommen; zudem sind wir bereits an dieses fremde Element in unserem Körper gewöhnt.

F: Glauben Sie, es ist möglich, die Dinge so zu sehen, wie sie sind, sich selbst zu sehen, wie man ist, auch ohne einen Lehrer zu haben?

A: Keineswegs. Du brauchst einen Guru, dem du dich völlig unterwerfen und öffnen kannst.

F: Ist es unbedingte Voraussetzung, daß dieser spirituelle Freund ein menschliches Wesen ist?

A: Ja, denn jedes andere »Wesen«, mit dem du sprächest, wäre nur imaginär.

F: Ist Christi Lehre nicht ein Guru in sich?
A: Nein, das würde ich nicht sagen. Wie alle Lehren, so hat auch die christliche etwas Imaginäres an sich. Das Problem liegt darin, daß wir sie für uns selbst deuten können; geschriebene Lehren sind immer offen für Eigeninterpretationen.

F: Wenn Sie vom Öffnen und Entblößen des eigenen Ich sprechen, erinnert mich das sehr an gewisse Schulen der Psychotherapie. Was halten Sie von den Behandlungsmethoden der Psychotherapie?
A: Bei den meisten psychotherapeutischen Methoden liegt das Problem darin, daß du sie für »therapeutisch« hältst – dann jedoch ist es dir nicht ernst damit. In anderen Worten, Psychotherapie ist dein Hobby. Darüber hinaus siehst du in der Therapie deinen Fall bereits genau definiert. Weil nämlich in deinem Verhältnis zum Vater oder der Mutter irgend etwas schief gegangen ist, darum hast du jene ungesunde Neigung zu ... Wenn man versucht, die ganze Krankheitsgeschichte eines Menschen in die Gegenwart einzubeziehen, beginnt dieser, die Ausweglosigkeit seiner Situation zu fühlen, da man ja nun einmal seine Vergangenheit nicht rückgängig machen kann. Er fühlt, er kann ihr nicht entrinnen. Diese Art von Behandlung ist natürlich denkbar ungeschickt. Sie zerstört und hindert jeden aufbauenden Aspekt, der sich aus der Gegenwart ergeben könnte. Andererseits jedoch kann Psychotherapie, wenn sie die Betonung auf das Leben im gegenwärtigen Augenblick legt und Probleme und Emotionen in diesem Licht behandelt, eine durchaus ausgewogene Wirkung haben. Leider versuchen viele Psychotherapeuten allerdings nur, ihre eigenen Theorien zu beweisen, anstatt mit dem zu arbeiten, was wirklich da ist. Tatsächlich finden sie das, was ist, beängstigend.

Statt die Dinge kompliziert zu machen, sollten wir lieber versuchen, sie zu vereinfachen. In der Gegenwart des Jetzt, genau in diesem Augenblick, liegt nämlich die ganze Vergangenheit und alle zukünftigen Entscheidungen. Alles ist in einem Zeitpunkt gegenwärtig, und wir brauchen nicht weiter zu forschen, um zu erfahren, wer wir waren, sind oder sein könnten. Sobald wir versuchen, die Vergangenheit zu enträtseln, werden wir in Ehrgeiz und Kampf verstrickt und sind unfähig, die Gegenwart als solche zu akzeptieren. Im übrigen wäre es grundfalsch, unseren Guru oder Therapeuten als unseren Retter zu betrachten, wir müssen selbst an uns arbeiten. Es gibt keine Alternative. Der Guru mag unter Umständen unseren Schmerz steigern; das gehört zur Arzt-Patient-Beziehung. Man kann den spirituellen Pfad nicht als etwas Erfreuliches und Bequemes ansehen, sondern nur als Konfrontation und eine Hinnahme der Tatsachen des Lebens.

Der offene Weg

Es dürfte jetzt wohl klar sein, daß der offene Weg erst gefunden werden kann, wenn wir in unserer Entblößung den Selbstbetrug als solchen erkannt haben. Wir mögen uns auch nur zögernd einer so aussichtsvollen Sache wie diesem offenen Weg nähern, denn wir sind sehr vorsichtig, wenn es um unseren Ehrgeiz geht. Immerhin ist unsere Vorsicht ein Zeichen, daß wir bereit sind, darüber nachzudenken. In der Tat könnte man ein Zögern zu diesem Zeitpunkt wieder als eine Form von Selbsttäuschung deuten, ein Ignorieren der Lehren mit der begründeten Erklärung, man müsse versuchen, genau und vorsichtig zu sein.

Die Annäherung an den offenen Weg beginnt mit der Erfahrung der eigenen Entblößung – worüber wir bereits im Kapitel »Die Initiation« gesprochen haben –, sich selbst dem Leben zu öffnen, zu sein, was man ist, gute und schlechte Eigenschaften seinem spirituellen Freund preiszugeben und sich so hindurch zu arbeiten. Nachdem du dich so geöffnet und im Zusammenfinden zweier Seelen die Einweihung erfahren hast, wirst du vielleicht dazu neigen, das Erreichte zu bewerten. Du hast so Außergewöhnliches erlebt, warst fähig, dich deinem Freund zu öffnen, so wie er es dir gegenüber tat, und ihr fandet einander im gleichen Augenblick. Das war wundervoll und erregend.

Das Problem liegt in der Tatsache, daß wir stets versuchen, uns selbst abzusichern und uns davon zu überzeugen, daß alles richtig läuft. Wir suchen ständig nach einem festen Griff, um uns daran zu halten. Diese »Vereinigung zweier Seelen« ist ein so tiefes Erlebnis, daß es unsere Vorstellung von Wunder und Magie zu bestätigen scheint.

Daher ist denn auch das Verlangen nach Wundern der nächste Schritt auf dem Wege des Selbstbetruges. Wir haben viele Bücher über das Leben großer Yogis, Swamis, Heiliger und das Herniedersteigen von Gottheiten gelesen. Alle erzählten von solchen Wundern; entweder kam jemand durch eine Wand geschritten oder vermochte die Welt auf den Kopf zu stellen – lauter wundersame Dinge. Du möchtest dir gern selbst beweisen, daß solche Wunder geschehen können. Daß du auf seiten deines Gurus bist, dort, wo die Lehre entspringt, da möchtest du sein, damit in all deinem Tun kein Risiko liegt und du auf alle Fälle diesen Leckerbissen nahe bist. Du möchtest gern zu jenen wenigen Menschen gehören, die etwas ganz Außergewöhnliches getan und erlebt haben, zu jenen, die den Erdball auf den Kopf stellten: »Ich hatte geglaubt, ich stünde auf dem Fußboden, aber tatsächlich stand ich an der Decke.« Das jäh aufleuchtende Erlebnis der seelischen Gemeinschaft mit deinem Guru ist zweifellos echt, eine wahre Erfahrung, ja, ein wirkliches Wunder; und hierin liegt der Beweis, daß wir endlich auf dem richtigen Wege sind.

Diese intensiven Versuche, vor uns selbst zu beweisen, daß wir das Richtige tun, weisen auf eine sehr introvertierte Geisteshaltung hin; man ist seiner selbst und seines Sinneszustandes bewußt. Wir fühlen uns einer Minderheit zugehörig, da wir etwas höchst Ungewöhnliches zu tun fähig sind; wir sind anders, als die anderen. Wir beweisen unsere Einmaligkeit und nähern uns damit dem Selbstbetrug: »Selbstverständlich habe ich etwas ganz Seltenes erlebt, gewiß sah ich ein Wunder geschehen, jawohl, ich habe einen tiefen Einblick gewonnen – darum mache ich weiter.« Das ist eine durchaus introvertierte Situation. Wir haben keine Zeit, uns mit jemandem in der Außenwelt zu verständigen, weder mit Freunden noch Verwandten. Wir sind voll und ganz mit uns selbst beschäftigt.

Allmählich jedoch wird man dieser Lebensweise überdrüssig und empfindet sie als schal. Es wird uns klar, daß wir einem Selbstbetrug unterliegen, und so fangen wir langsam an, uns dem wirklich offenen Weg zuzuwenden. Wir verdächtigen nun unseren Glauben als eine Wahnvorstellung und unser Erlebnis als Fälschung aufgrund unserer Wertung. »Es ist schon wahr, daß ich einen Augenblick der Erleuchtung erlebt habe, aber im Moment, wo ich versuchte, sie zu besitzen, verflüchtigte sie sich.« Nun beginnt es klar zu werden, daß Selbsttäuschung am Ende zu nichts führt als zu dem Versuch, unser Innerstes aufzurühren, um uns damit zu beweisen, daß wir uns wirklich geöffnet haben. Es ist der Augenblick des Sich-selbst-Strafens, indem man sagt: »Wenn ich versuche, mich nicht selbst zu betrügen, ist dies wiederum eine Selbsttäuschung, und im Versuch, das zu vermeiden, liegt auch ein Selbstbetrug. Wie kann ich mich nur davon befreien? Auch Selbst-Befreien ist bereits wieder eine andere Form des Selbstbetruges.« Und so wird eine Kettenreaktion ausgelöst, die zu sich überdeckenden Wahnvorstellungen führt.

Nachdem wir uns nun aber über all dies klar geworden sind, beginnen wir, unter Wahnvorstellungen und Selbstkritik zu leiden, was heilsam ist. Es ist gut, beim Versuch, offen zu sein, die Hoffnungslosigkeit von Ambitionen einzusehen, denn das schafft die Basis für eine andere Einstellung zur Spiritualität. Die einzige Frage, auf die wir direkt zugehen, muß sein: Wann werden wir uns endlich *wirklich* öffnen können? Was an Gedanken in unserem Gehirn vor sich geht, ist so ineinander verwachsen, so introvertiert: Wenn ich dies tue, dann wird dies geschehen. Wenn ich jenes tue, wird dies geschehen. Wie kann ich dem Selbstbetrug entkommen? Ich erkenne ihn klar, aber wie komme ich heraus?

Jeder von uns muß damit ganz auf seine eigene Weise fertigwerden, fürchte ich. Ich kann keinen Fahrplan zur Erleuchtung geben. Ich kann nichts garantieren. Ich kann nur darauf hinweisen, daß wohl etwas in der Art dieser Annäherung falsch ist.

Vielleicht fühlen wir selbst, daß irgendwo ein Fehler in unserer Art und Weise liegt und suchen nun bei unserem Guru Rat.

»Ich bin zwar völlig davon überzeugt, daß dieser Weg für mich der richtige ist, darüber brauchen wir überhaupt nicht mehr zu diskutieren. Aber irgend etwas scheint falsch zu sein. Ich habe immer wieder an mir gearbeitet, und dennoch finde ich mich in eine Kettenreaktion von Enttäuschungen verwickelt.«

»Gut, und was jetzt?«

»Nun, ich bin zu besessen davon, um etwas anderes zu tun; ich kann mir nicht helfen.«

»Gut, dann mußt du eben entspannen.«

»Aber wie soll ich das tun? Weißt du keinen Rat für mich?«

»Ich fürchte, ich habe auch keine Patentlösung für deine Probleme. Zunächst müßte ich erst einmal herausfinden, was wirklich mit dir los ist. Das wird dir jeder sagen, der sein Fach versteht. Wenn etwas am Fernsehapparat kaputt ist, dann schraubst du auch nicht bloß irgendwo eine neue Röhre ein. Zuerst muß einmal der ganze Apparat nachgesehen werden. Wo ist etwas entzwei? Welche Röhre muß ersetzt werden?«

»Nun ja, es scheint nichts greifbar Falsches zu sein. Aber im Augenblick, wo ich die Frage anrühre, gerät mir alles durcheinander, nichts scheint mehr zueinander zu passen. Und wenn ich versuche, dies zu korrigieren, führt das zu überhaupt nichts.«

»Das ist wirklich ein Problem.«

»Weißt du, immer wenn ich mich da herauszuarbeiten suche, und zwar so, wie du und andere Gurus es mich gelehrt haben, scheint das Problem endlos zu werden. Was ich auch anfasse, alles mißlingt. Ich versuche mich in *asanas, pranayama, zazen* und anderem, aber so genau ich auch die Vorschriften befolge, immer wieder tauchen die alten Probleme auf. Ich glaube an diese Doktrinen, Lehren und Methoden, das ist gewiß. Ich liebe meine Lehrer. Ich liebe ihre Unterweisungen. Ich habe festes Vertrauen zu ihnen. Ich weiß, wie glücklich und erfolgreich viele Menschen sind, die diesen Pfad begehen, auf dem ich mich versuche, aber was ist nun falsch mit mir? Habe ich vielleicht ein schlechtes Karma, vielleicht bin ich das schwarze Schaf in der Familie? Wäre das denkbar? Ich würde auf meinen Knien eine Pilgerfahrt nach Indien unternehmen und wäre zu jedem Opfer bereit. Ich könnte eine Fastenzeit beginnen oder ein Gelübde ablegen, um meinen sehnlichsten Wunsch erfüllt zu sehen. Was kann ich nur tun? Gibt es nicht in deinen heiligen Schriften irgendeine Weisung für Menschen wie mich? Eine Medizin, die ich einnehmen oder ein Opfer, das ich bringen könnte?«

»Ich kann es dir nicht sagen. Komm morgen wieder zu mir. Vielleicht können wir dann etwas finden.«

Das würde unser Guru vielleicht sagen: »Komm morgen wieder oder am Wochenende. Laß uns dann darüber sprechen, und mach dir keine Sorgen.« Du suchst ihn wieder auf in dem Glauben, du habest ein unüberwindliches Problem und er habe für deinen speziellen Fall alle Antworten bereit. Aber wiederum wird er fragen: »Wie geht es? Und wie stehen die Dinge?«

»Was soll das heißen? Ich warte auf *deine* Antwort. Du weißt, ich befinde mich in einem schrecklichen Zustand!«

Du wirst recht ärgerlich und in gewisser Weise nicht zu Unrecht. Wie üblich geschieht nichts, und Wochen über Wochen vergehen, in denen du wiederkommst und immer wiederkommst. Du beginnst zu verzweifeln und zu ahnen, daß bei der ganzen Sache überhaupt nichts herauskommen wird. Insgeheim jedoch hoffst du weiterhin – daß vielleicht in der vierten Woche, in der fünften oder siebenten doch etwas geschehen wird. Sieben ist eine magische Zahl. Die Zeit vergeht, und du bist am Ende deiner Kräfte. Du beginnst, dir andere Möglichkeiten oder Lösungen zu überlegen. »Vielleicht, wenn ich zu einem anderen ginge«, denkst du. »Vielleicht sollte ich zu meinen eigenen Leuten heimkehren; hier ist alles so fremdartig. Es scheint keine Verbindung zwischen ihm und mir zu bestehen. Er sollte ja wohl diese Verbindung zu mir haben, und es ist enttäuschend, daß so gar nichts geschieht.« Du sitzt da und wartest. Immer, wenn du ihn siehst, weißt du beinahe sofort, was seine Worte sein werden: »Geh hin und meditiere.« Oder: »Wie geht es? Hier hast du eine Tasse Tee.« Es wiederholt sich immer wieder.

Was ist hier nur falsch? In Wirklichkeit ist überhaupt nichts falsch. Die Situation ist eigentlich wunderschön, soweit es deinen spirituellen Freund angeht. Aber für dich ist diese Wartezeit, in der du versuchst, über etwas hinwegzukommen, falsch. Sie bedeutet zu viel Konzentration auf dich selbst, zuviel innere Selbstprüfung und führt zur Vorstellung von großen Vorgängen in dir – und alles das ist falsch.

Vielleicht sollte ich dir eine alte indische Sage erzählen, die Geschichte von Naropa und seinem Lehrer Tilopa. Dieser Lehrer war ein Guru, der zwölf Jahre mit seinem Schüler Naropa ebenso zugebracht hatte, wie wir es hier diskutieren. »Wenn du mir Suppe aus der Küche holst, werde ich dich unterrichten – vielleicht«, mochte Tilopa wohl sagen. Dann brachte ihm Naropa die Suppe, nachdem er von den Leuten in der Küche vorher eine Tracht Prügel bezogen hatte, um sie überhaupt zu bekommen. Blutig, aber frohgemut würde er zurückkommen, und nachdem er die Suppe übergeben hatte, hieß es wieder: »Ich will noch einen Napf Suppe, bring ihn mir.« Naropa würde abermals hinlaufen und mehr tot als lebendig mit der Suppe zurückkommen. Er erduldete alles, denn er sehnte sich so sehr nach der Unterweisung. Tilopa hingegen würde dann wohl bloß sagen: »Danke, nun laß uns irgendwo anders hingehen.« Das wiederholte sich so oft, bis Naropas Warten einen Siedepunkt erreicht hatte. Genau zu diesem Zeitpunkt zog Tilopa seine Sandale aus und schlug Naropa damit ins Gesicht. Das war die *abhisheka,* die höchste und tiefste – du könntest hier alle erdenklichen Beiworte benutzen –, die allertiefste *abhisheka.* Dieser Schlag brachte Naropa zur Besinnung – er hörte auf zu streben.

Aber wir dürfen uns hier nicht von einem mystischen Bild mitreißen lassen. Es geht nur um den offenen Weg. Wir haben den Selbstbetrug ergründet und erfahren, haben eine schwere Bürde getragen, gleich einer Schildkröte, die ihren Schalenpanzer mit sich herumschleppt. Die Versuchung, uns in diese Schale einzuschließen, war stets in uns; sie lag in dem Wunsch, schnell »irgendwohin« zu gelangen. All unsere Hast, unsere Ansprüche und Forderungen müssen wir jedoch aufgeben. Wir müssen eine Art Mitleid mit uns selbst empfinden lernen, und damit erst beginnt der offene Weg.

Hier nun sollten wir den Begriff des Mitleidens erörtern, da er uns Aufschluß über die Grundtendenz des offenen Weges gibt. Die beste und richtigste Definition wäre wohl: Klarheit mit einem Grundton von Wärme. In diesem Stadium wird eine Meditationsübung zum Akt des Selbstvertrauens. Wenn diese Übungen im täglichen Leben an Bedeutung gewinnen, beginnst du, dir selbst zu vertrauen, und die Fähigkeit zum Mitleiden wächst. Mitleid bedeutet hier nicht, daß einem jemand leid tut. Es ist eher ein grundlegendes Gefühl der Wärme. Soweit Raum und Klarheit vorhanden sind, wird auch dieses Mitgefühl nicht fehlen; ein wundervolles Empfinden von Positivem, das ständig in dir vorgeht. Was immer wir auch tun, es wird kein Hemmschuh in Form unfreier Meditation sein, denn Meditation ist etwas köstlich Spontanes. Es ist ein anhaltender Prozeß, in dem du dir selbst zum Freund wirst.

Nachdem du dich selbst zum Freund gewonnen hast, kannst du dies nicht einfach in dir verschließen. Du mußt ein Ventil haben, und das ist deine Verbindung zur Außenwelt. So wird das Mitleiden zur Brücke zu dieser Umwelt. Vertrauen und Mitgefühl inspirieren dazu, dein Leben freudig zu leben. Fehlt diese Inspiration und Offenheit, wird aus dem spirituellen Pfad ein weltlicher Pfad der Wünsche und Begierden. Man bleibt in den Wunsch verstrickt, sich zu vervollkommnen, um Phantasieziele zu erreichen. Fühlen wir, daß wir diese Ziele nicht zu erreichen vermögen, dann verzweifeln wir und quälen uns selbst wegen unseres nicht erfüllten Ehrgeizes. Wenn wir andererseits aber merken, daß wir im Begriff sind, unser Ziel zu erreichen, werden wir selbstzufrieden und angriffslustig. »Ich weiß, was ich tue, also rühr mich nicht an.« Unser Wissen vermag uns so aufzublasen wie viele »Experten«, die auf ihrem Gebiet äußerst bewandert sind. Stellt man ihnen Fragen, vor allem dumme oder herausfordernde, so werden sie eher ärgerlich, als daß sie zu antworten versuchen. »Wie kannst du nur so etwas sagen, wie kann es dir auch nur im Traum einfallen, solchen Unsinn zu fragen? Siehst du denn nicht, wen du vor dir hast?«

Es kann schon einmal sein, daß uns eine zufällige Konzentrationsübung gelingt, und wir geraten in eine Art »mystischen Zustand«. In solchem Falle erscheinen wir nach außen hin in unserem Verhalten ziemlich ruhig und religiös. Aber wir müssen unseren »mystischen Zustand« hektisch anfeuern und erhalten, und dazu bedarf es einer wiederholten narzißtischen Selbsteinschaltung. Das ist eine typische Verzerrung der Hinayana-Übung von tief in sich ruhender Meditation, von Selbsterleuchtung – und in gewissem Sinne ist es eine Art Aggression. Hierin liegt kein Mitleiden und keine Offenheit, weil man nur auf sein eigenes Erlebnis konzentriert ist.

Mitleid hat nichts mit Errungenschaft oder Erfolg zu tun. Es ist ein weites und großzügiges Gefühl. Ein Mensch, dem es gegeben ist, echtes Mitleiden zu fühlen, ist sich keiner Großzügigkeit gegen sich oder andere bewußt. Mitgefühl ist eine allumfassende Großzügigkeit, nicht auf sich selbst oder andere ausgerichtet. Es ist von Freude erfüllt, von einem unmittelbaren, anhaltenden Glücksgefühl – in Form von Vertrauen – und einem Gefühl von Reichtum.

Man könnte sagen, daß diese Eigenschaft höchsten Reichtum schenkt.

Sie verbindet dich automatisch mit anderen Menschen, denn du siehst in ihnen nicht länger die Ausbeuter deiner Energien. Sie stärken im Gegenteil deine Kraft, denn im Verbundensein mit ihnen wirst du dir deines inneren Reichtums erst recht bewußt. Wenn du im Umgang mit Menschen in eine schwierige Situation gerätst, brauchst du nicht zu befürchten, ohne eine Kraftquelle zu sein. Gerade in schwierigen Lagen bietet sich dir eine wunderbare Gelegenheit, deinen ganzen Reichtum zu zeigen.

Mitgefühl ist das Schlüsselwort, uns den Mahayana-Weg zu öffnen und die transzendenten Handlungen des *Bodhisattva* zu ermöglichen. Der Bodhisattva-Weg beginnt mit Großzügigkeit und Offenheit, mit einem Vorgang der Hingabe. Sich-Öffnen bedeutet hier nicht, irgend jemandem etwas zu geben; es ist vielmehr das Aufgeben der eigenen Wünsche und ihrer Motive. Es ist die *dana paramita,* die Paramita der Großzügigkeit. Man lernt, daß es unnötig ist, sich rückzuversichern: im Vertrauen auf den eigenen inneren Reichtum ist jede Offenheit möglich. Das ist der offene Weg. Wenn du deine Haltung des Forderns aufgibst, wird dir daraus gesunde Kraft zuströmen, die dich zur nächsten Stufe von Bodhisattva bringt, nämlich zu *shila paramita,* der Paramita von Moral und Disziplin.

Sich öffnen und alles aufgeben können, ohne darüber nachzudenken, ohne selbstisches Gefühl, macht alle Gedanken, die auf die Erhaltung des Ego abzielen, bedeutungslos. Das ist die höchste Stufe von Moral, und sie intensiviert deine Offenheit und Tapferkeit; du fürchtest nicht mehr, dich oder jemand anderen zu verletzen, denn nun bist du vollkommen offen. Situationen lassen dich nicht ohne Inspiration, was zu Geduld führt, zu *kshanti paramita.* Und Geduld führt dich zu Energie, *virya,* Entzücken. Es liegt Freude darin, am Geschehen beteiligt zu sein, und die Freude birgt die Kraft in sich, dich zur Gesamtschau offener Meditation zu führen – dem Erleben von *dhyana.* Du siehst in dieser Situation nichts außerhalb Liegendes, denn nun bist du selbst in das Leben als Tanz und Spiel einbezogen.

Dann öffnest du dich weiter. Du betrachtest nichts mehr als akzeptiert oder zurückgewiesen, sondern nimmst jede Situation einfach so, wie sie ist. Du kennst weder Streit noch Ehrgeiz, versuchst keinen Feind zu bekämpfen oder irgendein Ziel zu erreichen. Du willst weder ansammeln noch geben; hast weder Hoffnung noch Furcht. Es ist reine *prajna,* ein transzendentes Wissen, die Fähigkeit, Situationen so zu sehen, wie sie sind.

Das oberste Gebot auf dem offenen Weg muß daher sein, alle Machenschaften und Tricks unseres Ego zu beenden. Völlig offen zu sein, diese Art, absolutes Vertrauen in sich selbst zu haben, ist die wirkliche Bedeutung von Mitleid und Liebe. Es ist schon so viel über Liebe, Frieden und Ruhe in dieser Welt geredet worden. Aber wie kann man Liebe wirklich wecken? Christus sagte: »Liebe deinen Nächsten.« Aber wie liebt man? Wie können wir Liebe auf die gesamte Menschheit ausstrahlen, wie über die ganze Welt? »Weil wir es eben müssen, und das ist die ganze Wahrheit.« »Wenn du liebst, bist du auf dem richtigen Weg.« Aber wie? Viele Menschen sehen in der Liebe etwas sehr Romantisches; ja sie begeistern sich am bloßen Wort. Aber dann gibt es Zeiten, in denen wir durchaus nicht so hoch empfinden. Etwas geschieht, das uns in Verlegenheit bringt. Wir versuchen beschämt, es als »Privatsache« abzutun, denn es hat nicht teil an unserer Göttlichkeit. Nur nicht daran denken. Laßt uns einfach ein neues Liebesfeuer entzünden. So fahren wir fort, jene Gefühle, die wir verwerfen, zu verdecken, im Versuch, tugendhaft, liebend und gut zu sein.

Vielleicht wird dies einige Leute täuschen, aber ich fürchte, Liebe ist nicht das Erlebnis von Schönheit und romantischer Freude allein. Zur Liebe gehört auch Häßliches, Schmerz und Roheit, ebenso wie das Schöne. Sie ist kein Abbild des Himmels. Zu Liebe und Mitleiden, zum offenen Pfad, gehört das, »was ist«. Um Liebe zu entwickeln – universelle Liebe, kosmische Liebe oder wie du sie sonst nennen magst –, muß man die gesamte Lebenssituation bejahen, mit hellen und dunklen, guten und schlechten Seiten. Man muß sich selbst dem Leben öffnen und darin aufgehen. Vielleicht kämpft man auf Erden um die Entwicklung von Liebe und Frieden: »Wir werden es schon schaffen; wir geben Tausende dafür aus, um das Gesetz der Liebe überall zu verbreiten; wir werden Liebe verkünden.« Nun ja, verbreite sie und gib dein Geld dafür aus – aber was steht hinter der Eile und Betriebsamkeit, mit der du es tust? Warum willst du uns durchaus deine Liebe aufdrängen? Warum die Eile und der Nachdruck, mit dem es geschieht? Wenn deine Liebe mit gleicher Beschleunigung wirkt wie anderer Leute Haß, dann muß daran etwas falsch sein. Das hieße, Dunkelheit für Helligkeit ausgeben. Es liegt soviel Ehrgeiz darin, als seiest du darauf aus, Anhänger zu werben. Es ist nicht jene offene Situation, in der die Dinge als das behandelt werden, was sie sind. Die tiefste Deutung von »Friede auf Erden« ist, jeden Begriff von Frieden und Krieg fallen zu lassen und sich selbst allen Aspekten, den guten wie den schlechten, im Leben zu öffnen, so, als sähe man die Welt von einer Luftaufnahme aus. Hier ist Licht und dort ist Schatten – beides muß hingenommen werden. Du versuchst nicht, das Licht gegen das Dunkel zu verteidigen.

Ein *Bodhisattva* zu sein ist, als schiene der Mond in hundert wassergefüllte Schüsseln, so daß nun hundert Monde da sind. So war und ist der Mond nicht erschaffen, aber aus irgendeinem seltsamen Grund werden nun hundert Monde in hundert Wasserschüsseln reflektiert. Offenheit ist dieses absolute Vertrauen und Selbstvertrauen. Die offene Situation des Mitleidens geht diesen Weg und versucht nicht, hundert Monde zu erschaffen, von denen jeder in einer Schüssel ist.

Unser Grundproblem ist, daß wir uns zu sehr bemühen, etwas zu beweisen – was mit Wahnvorstellung und dem Gefühl von Armut zu tun hat. Sobald du versuchst, etwas zu beweisen, bist du nicht mehr offen, denn du mußt alles kontrollieren und »richtig« einordnen. Es ist eine verrückte Art zu leben, und sie beweist in Wirklichkeit gar nichts. Wir mögen Rekorde aufstellen – das Größte bauen, das meiste sammeln usw. Aber wer erinnert sich daran, wenn wir tot sind? In hundert Jahren? In zehn Jahren? Oder in nur zehn Minuten? Was allein zählt, sind die Rekorde des Jetzt – ob Öffnung und Vereinigung stattfinden oder nicht.

Das ist der offene Weg, der Pfad des Bodhisattva. Einem Jünger dieses Weges würde es nichts bedeuten, wenn ihn alle Buddhas mit einer Medaille auszeichneten, die ihn als den tapfersten Bodhisattva im Universum preist. Es wäre ihm völlig gleichgültig. Niemals wirst du in den heiligen Schriften lesen, daß Bodhisattvas Medaillen erhalten hätten. Sie sind unnötig, denn sie beweisen nichts. Des Bodhisattva Handlungen sind spontan, sind offenes Leben, offenes Sich-Mitteilen, das nichts mit Kampf oder Hast zu tun hat.

F: Ich vermute, ein Bodhisattva zu sein, heißt Menschen helfen, und Menschen haben ihre besonderen Bedürfnisse und Wünsche. Darum muß ein Bodhisattva bestimmte Handlungen vornehmen. Wie aber verträgt sich der Begriff des völligen Offenseins mit der Notwendigkeit, bestimmte Handlungen auszuführen?

A: Offen sein heißt ja durchaus nicht, unempfänglich wie ein Zombie zu sein. Es heißt vielmehr, frei zu sein, das zu tun, was in einer Situation wirklich angemessen ist. Wenn also andere Leute etwas von dir wünschen, dann ist das vielleicht nur ihr Problem und nicht das deine. Du brauchst nicht zu versuchen, dich bei irgendeinem anderen beliebt zu machen. Offenheit heißt, so zu sein, wie man ist. Wenn du dich wohlfühlst, so wie du bist, dann ergibt sich eine Atmosphäre von Offenheit und Verständigung automatisch und ganz natürlich. Ähnlich der Idee des Mondes in den Schüsseln, über die wir bereits gesprochen haben. Sind die Schüsseln da, wird sich deine »Mondhaftigkeit« spiegeln. Sind sie es nicht, kann sich auch nichts spiegeln. Sind sie nur halb da, spiegelt sich auch nur ein halber Mond. Du bist einfach da, der Mond, offen, ob dich Schüsseln spiegeln oder nicht. So oder so, es ist dir gleichgültig; du bist einfach da.

Situationen entwickeln sich automatisch. Wir brauchen uns keine besondere Rolle oder Umstände zuzuschneidern. Ich glaube, viele von uns haben das seit langem versucht; wir lassen uns damit von den Umständen in eine Ecke manövrieren, vergeuden viel Kraft darauf, unsere Aufmerksamkeit auf einen bestimmten Punkt zu richten und entdecken dann zu unserer Überraschung, daß wir viele andere Punkte vergessen haben.

F: Kann man mitleidsvoll sein und dennoch gleichzeitig alle die Dinge tun, die getan werden müssen?

A: Lebst du besinnlich und ohne Eile, dann fühlst du, daß noch genug Raum in dir bleibt, um dieses und jenes zu tun. Das, was getan werden muß, siehst du klarer. Du wirst leistungsfähiger und genauer in deiner Arbeit.

F: Ich glaube, Rinpoche, Sie machen einen Unterschied zwischen dem offenen und dem inneren Pfad. Erklären Sie mir bitte diesen Unterschied.

A: Nun, das Wort »innerer«, so wie du es benutzt, scheint etwas Kämpferisches mit einzuschließen, ein In-sich-selbst-Zurückziehen, um zu erwägen, ob du eine ausreichend wertvolle, funktionierende und präsentable Person bist oder nicht. Das jedoch bedeutet zuviel Arbeit an dir selbst und zuviel Konzentration nach innen. Beim offenen Pfad hingegen behandelt man alle Dinge lediglich so, wie sie sind, völlig ohne Furcht, daß etwas in Versagen enden könnte. Man gibt die peinigende Vorstellung auf, einer Situation nicht gewachsen zu sein und zurückgewiesen werden zu können. Man nimmt das Leben nur so, wie es eben ist.

F: Woraus entspringt menschliche Wärme?

A: Aus dem Fehlen von Aggression.

F: Wäre das nicht das Ziel?

A: Ja, genau wie ein Pfad oder eine Brücke. Du lebst aber nicht auf einer Brücke, du überquerst sie nur. Jede Meditation enthält den Wunsch, völlig ohne Angriffsgefühl zu sein. Das ist Dharma – eine »Nicht-Passion«, und diese Leidenschaftslosigkeit enthält auch kein

Angriffsgefühl. Wenn du Leidenschaft empfindest, möchtest du sogleich etwas haben, was dieses Gefühl befriedigt. Ist sie jedoch nicht vorhanden, kommt auch kein Wunsch nach Befriedigung auf und damit weder Angriffslust noch Hast. Falls sich ein Wunsch in der Meditation ganz der Einfachheit hingeben kann, verliert er auch jede Aggression. Nichts muß erreicht werden, und so kommt völlige Entspannung. Und weil du entspannst, kannst du dir deine eigene Gesellschaft leisten und dir selbst Freund sein. Gedanken und Gefühle, die dann in dir erwachen, festigen dieses Freundschaftsbündnis. Anders ausgedrückt ist Mitgefühl eine irdische Art von Meditationsübung, ein Gefühl von Erde und festem Boden. Die Botschaft dieser Wärme soll geruhsam kommen und sich der Situation anpassen. Ruhend bist du gegenwärtig.

F: Mir scheint, Sie sagten, daß Mitgefühl wachsen könne, gleichzeitig aber bräuchte man sich nicht darum zu bemühen.

A: Es entwickelt sich, wächst und reift von selbst. Dazu bedarf es keiner Anstrengung.

F: Kann es absterben?

A: Wohl kaum. Shantideva sagt, jede Handlung ohne Mitgefühl sei, als pflanze man einen toten Baum; alles jedoch, was Mitgefühl enthält, sei wie das Pflanzen eines lebenden Baumes. Er wächst ständig und stirbt niemals. Selbst wenn es den Anschein hat, er sei tot, so hinterläßt er doch einen Samen, aus dem dann etwas Neues wächst. Mitgefühl ist etwas Organisches; es pflanzt sich fort.

F: Es gibt da eine Art von Wärme, die beginnt, wenn du dich jemandem verbunden fühlst. Zuweilen aber nimmt dieses Gefühl plötzlich überhand und bindet dich so, daß du dich nicht mehr rühren kannst.

A: Sofern diese Wärme ohne Vorbehalte und selbstische Sicherung ist, erhält sie sich selber und ist im Grunde gesund. Wenn du beim Zubereiten von Joghurt die Temperatur erhöhst oder in sonst einer Weise den Vorgang zu beschleunigen versuchst, wird dein Vorhaben mißlingen. Läßt du die Dinge jedoch in richtiger Temperatur ihren Lauf nehmen, wird es guter Joghurt werden.

F: Wie weiß man denn, wann man Dinge auf sich beruhen lassen soll?

A: Du mußt nicht ständig betriebsam sein; du solltest Kontrolle eher ablehnen, als sie ständig auszuüben – vertraue dir, anstatt dich dauernd zu überprüfen. Je mehr du kontrollierst, um so größer ist die Gefahr, das natürliche Spiel des Wachsens zu unterbrechen. Und selbst wenn das, was du tust, ein Risiko enthält, so daß alles verzerrt herauskommen könnte – sorge dich nicht darum.

F: Was geschieht, wenn jemand eine Situation heraufbeschwört, derentwegen man sich Sorgen macht?

A: Sich Sorgen zu machen hilft nichts. Im Gegenteil, es verschlimmert die Dinge nur.

F: Mir scheint, der Vorgang, von dem wir hier sprechen, verlangt eine gewisse Furchtlosigkeit.

A: Ja, durchaus. Es ist das positive Denken, die Mentalität des Reichtums.

F: Was aber, wenn man die Notwendigkeit zu einer gewaltsamen Handlung fühlt, die sich letztlich einem Menschen als gut erweisen würde?

A: Du gibst dem Gefühl einfach nach.

F: Wenn man aber dieses Stadium echten Mitleidens und der Weisheit noch nicht erreicht hat?

A: Frage nicht und sorge dich nicht um Weisheit. Du tust nur, was erforderlich ist. Die gegebene Situation ist in sich selbst tief genug, um als Wissen zu gelten. Du bedarfst keiner Zusicherung. Du brauchst keine Richtlinien für dein Handeln. Diese Unterstützung kommt aus der Situation selbst. Verlangen die Dinge eine starke Hand, dann hast du sie auch. Du brauchst die Härte nicht selbst aufzubringen, du bist ein Werkzeug der Situation.

F: Was dient einem aber als Brücke, wenn man kein Mitleid empfindet?

A: Du brauchst Mitleid nicht zu *fühlen.* Dies ist der Unterschied zwischen emotionalem Mitleid und dem Mitleiden als Wesenszug; du fühlst es nicht unbedingt, aber du *bist* es. Sobald du dich geöffnet hast, entsteht dies meist, weil du dich nicht mehr mit einer Art von Genußsucht auseinandersetzen mußt.

F: Was tut man für die Erhaltung dieser »Mitgefühlsbrücke«?

A: Ich denke, da ist nichts weiter nötig. Es bedarf der Bejahung, aber keines Dazutuns. Dein geistiger Reichtum ist es, der dir anzeigt, daß sie da ist.

F: Was tut man, wenn man sich vor jemandem fürchtet, und vielleicht zu Recht? Meiner Meinung nach zerstört dies jedes Mitgefühl.

A: Mitleid bedeutet nicht, auf jemanden, der Hilfe braucht, herabzublicken, sondern es bedeutet organisches, positives Denken. Die Angst vor jemandem scheint in dir eine Unsicherheit in bezug auf dich selbst hervorzurufen. Darum fürchtest du dich vor einer Situation oder einer Person. Angst entspringt der Ungewißheit. Wenn du genau weißt, wie eine beängstigende Situation anzupacken ist, hast du auch keine Furcht davor. Furcht entsteht aus Panik vor der bestürzenden Ungewißheit. Unsicherheit mindert dein Selbstvertrauen, erweckt ein Gefühl des Unzureichendseins vor jenen Problemen, die dich bedrohen. Bist du in einer mitfühlenden Verbindung mit dir selbst, schwindet jede Furcht, denn dann weißt du, was du tun mußt. Und wenn du das weißt, werden auch deine Pläne in gewissem Sinn methodisch und voraussagbar. Du entwickelst *prajna*, das Wissen um dein Verhalten in jeder beliebigen Situation.

F: Was versteht man in diesem Zusammenhang unter Plänen?

A: Sie sind eine Art Projektion und damit ein Spiegelbild deines Selbst. Wenn du unsicher bist, wirft dir nämlich die Welt dies Spiegelbild zurück, und dieses Bild beginnt dann, dich zu verfolgen. Die Unsicherheit geht in dir um, aber es ist nur dein Spiegelbild.

F: Was meinen Sie mit der Bemerkung, man wisse, was man tun muß, wenn man mit sich selbst Mitgefühl empfindet?

A: Diese zwei Aspekte gehören in der Meditation zusammen. Wenn du dich öffnest und eine positive Einstellung zu dir gewinnst, weißt du auch genau, was du tust und bleibst dir selbst kein Geheimnis. Das ist *jnana*, »Weisheit«, »unmittelbare Seins-Bewußtheit und Weisheit«. Du weißt um dein Dasein, weißt, wer du bist und kannst damit auch dir selbst vertrauen.

F: Wenn ich wirklich mein eigener Freund werden könnte, brauchte ich mich nicht mehr zu fürchten, dauernd Fehler zu machen?

A: Genau das ist es. Das tibetische Wort für Weisheit ist *yeshe*, das heißt Ur-Wissen. Du selbst stehst im Anfang allen Beginnens. Du könntest es beinahe »nicht verursachten Glauben an dich selbst« nennen. Es ist nicht nötig, über logisches Denken einen Anfang zu finden. Er existiert bereits – er ist ohne Beginn.

Sinn für Humor

Es wäre interessant, zunächst einmal zu prüfen, was eigentlich *kein* Sinn für Humor ist. Mangel an Humor scheint auf der Einstellung, das Leben sei nur hart, zu beruhen. Dinge sind steif, schwer und voll sturen Ernstes wie – um eine Analogie zu benutzen – lebende Leichname. Der Mensch lebt unter Schmerzen und trägt auch ständig einen gepeinigten Gesichtsausdruck. Er hat Schweres durchgemacht – nämlich »Realität«; er ist todernst geworden und dahin gekommen, ein lebender Leichnam zu sein. Die Steifheit jenes lebenden Toten ist das Gegenstück zum Sinn für Humor. Es scheint, als stünde stets jemand mit einem scharfen Schwert hinter dir. Meditierst du nicht richtig, still und aufrecht sitzend, steht jemand hinter dir im Begriff, dich zu köpfen. Oder du handhabst deine Lebenspflichten nicht mit richtigem Ernst und Anstand, und gleich wird jemand auf dich einschlagen. Hier beobachtet dich dein eigenes Bewußtsein, und das ist völlig unnötig. Was auch immer wir tun mögen, wird dauernd beobachtet und gewertet. Es ist nicht »Der Große Bruder«, der da spioniert, es ist »Das Große Ich«. Ein anderer Aspekt meines Ichs steht hinter mir und beobachtet mich, jederzeit bereit, mich für mein Versagen zu strafen. In solcher Art liegt keinerlei Freude und überhaupt kein Sinn für Humor.

Ähnliche Ernsthaftigkeit kann auch im spirituellen Materialismus mitspielen. »Da ich aus langer Geschlechterfolge von Meditatierenden stamme und infolge meines religiösen Glaubens mit der Kirche und ihren Organisationen verbunden bin, muß ich ein guter Mensch sein, ein ehrlicher, braver Kirchgänger. Ich muß mich an die Regeln und Vorschriften meiner Kirche halten. Falls ich meinen Verpflichtungen nicht nachkomme, werde ich verurteilt und zum Zwerg reduziert.« Hierin liegt eine Art Todesdrohung, im Sinne des Erlöschens jeglicher Schaffenskraft. Diese Auffassung enthält ein Gefühl von Beengung und Starre, das keinen Platz für Bewegung übrig läßt.

Du magst nun fragen: »Was aber bedeuten dann die großen religiösen Traditionen; die Lehren? Sie sprechen von Disziplin, Gesetzen und Regeln. Wie läßt sich das mit dem Begriff von Humor vereinbaren?« Nun, laß uns diese Frage richtig durchdenken. Sind jene Regeln und Vorschriften, jene Moralbegriffe, wirklich nur auf der Gegensätzlichkeit von »gut und böse« begründet? Befürworten diese weisen spirituellen Lehren wirklich, daß wir das Böse bekämpfen, weil wir auf seiten des Lichtes und des Friedens stehen? Erwarten sie von uns, daß wir die andere »unerwünschte« Seite bekämpfen: das Schlechte, das Dunkle? Das ist die Kernfrage. Wenn die heiligen Lehren Weisheit enthalten, sollte darin von Kampf und Gewalt keine Rede sein. Solange der Mensch kriegerisch gesinnt und angriffslustig ist, ist sein Handeln in nichts heilig. Es ist weltlich und zwiespältig. Man sollte die großen Religionslehren nicht für so einfältig halten, daß sie meinten, gut sein hieße, das Böse zu bekämpfen. Solche Idee paßt für einen Cowboy-Film aus Hollywood, bei dem man bereits am Anfang das Ende kennt und weiß, daß die »Guten« gewinnen werden und die »Bösen« ihre Strafe erhalten. Das ist eine so primitive Einstellung; aber genau dahin kommen wir, wenn wir von »spirituellem« Kampf und »spiritueller« Errungenschaft sprechen.

Ich will damit nicht sagen, daß man dem Sinn für Humor total freien Lauf lassen sollte. Ich spreche hier von mehr als nur von Kampf und Zwietracht. Wenn wir den geistigen Pfad als eine Art Schlachtfeld betrachten, sind wir schwach und labil. Unser Fortschritt auf diesem Wege hängt dann davon ab, wieviel Raum wir nach Überwindung unserer eigenen und anderer Fehler für uns haben gewinnen können und wieviel Negativität wir ausschalten konnten. Bezogen auf die Masse der Dunkelheit, die wir auszuschließen vermochten, haben wir ebensoviel an Licht gewonnen. Das ist Schwäche; man kann es wohl kaum als Freiheit oder Befreiung im Sinne von *mukti* oder *nirvana* bezeichnen. Du hast Befreiung durch das Abwehren von etwas anderem erreicht: Das ist rein relativ.

Ich möchte dem »Sinn für Humor« nichts Feierliches beimessen. Ich fürchte, daß Menschen dies zuweilen tun. Aber um jene Starre, die den Leichnam verkörpert, wirklich zu verstehen, kann man nicht umhin, dem Begriff von Humor etwas Ernsthaftes zu verleihen. Sinn für Humor zu haben, heißt beide Pole in einer Situation zu sehen. Hier ist das Gute – dort das Böse; beides siehst du wie von einem erhöhten Standort aus. Dann kommt dir der Gedanke, daß diese krabbelnden Menschlein dort unten, die sich gegenseitig töten oder lieben, recht klein und unbedeutend sind. Sie machen eine große Affäre aus ihrer Liebe oder ihrem Krieg, und wir beginnen von oben her den ironischen Aspekt ihres Gehabens zu sehen. Wenn wir in unserer Über-Ernsthaftigkeit nämlich etwas Überdimensionales anstreben – »Ich bin wirklich auf der Suche, ich versuche, alle meine Fehler auszumerzen« oder »Ich bemühe mich wirklich, gut zu sein« – dann verliert dies seine Ernsthaftigkeit, wird ein Papiertiger, und man kann es nur noch ironisch sehen.

Sinn für Humor wird aus alles überstrahlender Freude geboren, die Raum hat, sich auszubreiten, denn es geht nicht um eine Schlacht zwischen »diesem« und »jenem«! Freude entwickelt sich hier zu einem Gefühl, das alles umfängt, wie nur ein Blick von oben her dies vermag. Die offene Situation kennt keine Begrenzung durch unechte Ernsthaftigkeit. Und wenn du versuchtest, das Leben als »ernste Angelegenheit« zu betrachten und ihm Feierlichkeit aufzustempeln, als sei alles eminent bedeutungsvoll, dann ist dies nur komisch. Was sollen all diese Großartigkeiten?

Jemand mag versuchen, in einer hundert- oder zweihundertprozentigen Positur zu meditieren. Blanker Unsinn. Oder ein anderer versucht, Sinn für Humor zu entwickeln, indem er sich bemüht, in allem etwas Komisches zu finden, in jeder Ecke und jedem Winkel. Ein in sich ziemlich ernsthaftes Spiel, das gleichermaßen lächerlich ist. Wenn du körperliche Anspannung bis zu einem Punkt aufbaust, wo du die Zähne zusammenpreßt und dir auf die Zunge beißt, dann kitzelt dich plötzlich etwas, denn du hast dich verkrampft; es ist absurd, zu solchen Extremen zu gehen. Die extreme Intensität wird automatisch zum Humor.

Es gibt da die tibetische Geschichte von einem Mönch, der dem Samsara abschwor und sich entschied, in einer Höhle zu leben, um ununterbrochen meditieren zu können. Bevor er dies tat, hatte er sich dauernd mit Schmerz und Leiden beschäftigt. Er hieß Ngonagpa von Langru, der Schwarzseher von Langru, weil er niemals lachte, sondern das ganze Leben als reine Pein ansah. Er lebte viele Jahre würdig und rechtschaffen in seiner Abgeschlossenheit, bis er einmal eines Tages zum Altar hinübersah. Dort hatte jemand einen großen Türkis als Geschenk für ihn hingelegt. Als er sich das Geschenk betrachtete, sah er eine Maus, die sich bemühte, den Stein davonzuschleppen. Natürlich konnte die Maus dies nicht; so lief sie zurück ins Loch und holte eine zweite Maus. Beide versuchten jetzt, den großen Türkis fortzubewegen, schafften es aber auch nicht. So piepsten sie nun, bis acht weitere Mäuse kamen. Allen gemeinsam gelang es dann schließlich, den Stein in ihr Mauseloch zu rollen. Hier zum ersten Mal mußte Ngonagpa von Langru lächeln und dann lachen, und das wurde ihm zu einem ersten Sich-Öffnen! Ein spontanes Freudegefühl.

Sinn für Humor äußert sich also nicht einfach im Erzählen von Witzen oder Wortspielen oder in dem Versuch, mit Absicht komisch zu sein. Mit Sinn für Humor vermag man vielmehr in der Gegenüberstellung und im Vergleich von Extremen eine Grundironie zu entdekken, die es verhütet, beide Seiten zu ernst zu nehmen. Darum ist das Erlebnis des spirituellen Pfades so bedeutungsvoll, die Meditationsübung dagegen unbedeutend. Sie ist unbedeutend, weil du sie als solche gar nicht wertest. Hast du dich einmal unter Verzicht auf jegliche Wertung der formlosen Situation des »Sich-Öffnens« hingegeben, beginnst du alle Spiele zu sehen, die um dich herum vorgehen. Jemand versucht, streng und mit feierlichem Ernst ein guter Mensch zu sein. Bei solcher Art könnte er wohl auch sehr ernsthaft beleidigt werden und auf Vergeltung sinnen. Wenn du deine Umwelt unter diesem Aspekt der Bedeutungslosigkeit betrachtest, dann beginnst du nach und nach den Humor in solcher Art von wichtigtuerischer Feierlichkeit zu sehen und überhaupt in Menschen, die aus allem eine »große Sache« zu machen trachten.

F: In den meisten Erörterungen über die Frage, wie man das Gute und Rechte tut, hörte ich immer wieder sagen: Zunächst erwirb dir Verdienste, sei gut, hüte dich vor allem Bösen; später wird es dann noch leichter, die sogenannten »guten Taten« aufzugeben. Was halten Sie von dieser Auffassung?

A: Unter dem Aspekt des Sinnes für Humor gesehen ist der Begriff »aufgeben« etwas zu wörtlich und naiv. Versuchst du, gut zu sein und gibst alles auf, dann bedeutet das ironischerweise durchaus kein »Alles-Aufgeben«, sondern meint – Dinge hinzufügen. Dies ist das Komische daran. Jemand glaubt, er sei fähig, eine schwere Last, die er trägt, abzuwerfen, aber das Fehlen der Last und ihr Abwerfen wiegt schwerer, hundertmal schwerer als die Last selbst, die dieser Mensch abgeworfen hat. Es ist leicht, etwas aufzugeben, aber das Nebenprodukt einer solchen Entsagung könnte zu einer sehr schweren Tugend werden. Jedesmal, wenn du jemanden triffst, wirst du dann denken oder auch wirklich sagen: »Ich habe dies und jenes aufgegeben.« Das »Aufgeben« wird immer gewichtiger, so als trügest du einen Sack mit Bazillen auf deinem Rücken. Die entwickeln sich zu einem riesigen Pilz, der immer rascher weiterwächst. Ab einem gewissen Punkt wird dieser Mensch dann völlig unerträglich, denn er hat so vieles aufgegeben.

Wenn wir die Meditationsübung als eine ernsthafte und folgenschwere Angelegenheit betrachten, wird sie verwirrend und schwierig. Wir möchten dann nicht einmal mehr daran denken. Es ist, als hätte man eine zu reichhaltige Mahlzeit gegessen. Es ist einem beinahe übel, und man denkt: Ich wünschte, ich wäre hungrig. Dann würde ich mich leichter fühlen. Hätte ich doch all das nie gegessen. – Spiritualität darf man niemals so ernsthaft angehen. Das entspricht in keiner Weise dem eigentlichen Sinn des »Aufgebens«.

F: Ist der Sinn für Tragik demnach etwas, das ein erleuchteter Mensch überwunden hat?

A: Du brauchst nicht unbedingt erleuchtet zu sein, um den Sinn für Tragik aufzugeben. Wenn du, in die Intensität einer Situation verwickelt, dem tragischen Höhepunkt nahe bist, dann beginnst du vielleicht auch, den Humor in der Sache zu sehen. Das ist wie in der Musik. Im Höhepunkt des Crescendo setzt die Musik plötzlich aus, und wir empfinden die darauffolgende Stille als einen Teil der Musik. Das ist ein keineswegs ungewöhnliches Erlebnis, sondern durchaus weltlich und irdisch. Darum nannte ich es eine sehr unwesentliche Erfahrung, denn wir verbinden keinerlei Wertung damit. Gewiß, unser sophistisches Ego könnte sagen, gerade weil die Erfahrung kaum spürbar ist, zählt sie zu den wertvollsten und ungewöhnlichsten Erlebnissen. Damit würden wir jedoch wiederum versuchen, uns zu beweisen, mit welch einer großen Sache wir es zu tun haben. Und es ist *keine* große Sache.

F: Besteht zwischen dem Sinn für Humor und unmittelbarer Erleuchtung, *satori*, irgendeine Beziehung?

A: Gewiß. Ich erinnere mich an die Geschichte eines Mannes, der lachend starb. Er war ein einfacher Dorfbewohner gewesen, der seinen Lehrer einmal nach der Farbe von Amitabha befragte, die traditionell ikonologisch rot ist. Irrtümlicherweise glaubte er, der Lehrer habe gesagt, Amitabhas Farbe sei gleich der Asche im Feuer; und dies beeinflußte alle seine Meditationen. Wenn er sich Amitabha vergegenwärtigte, war es immer ein grauer Amitabha.

Schließlich lag der Mann im Sterben. Auf seinem Totenbette wollte er sich noch einmal vergewissern und fragte einen anderen Lehrer nach der Farbe Amitabhas. Als der Lehrer sagte, die Farbe sei rot, brach der Mann plötzlich in ein Gelächter aus: »Und ich habe immer geglaubt, seine Farbe sei aschgrau, und nun sagst du mir, daß sie rot ist.« Er lachte weiter und starb lachend.

Es gibt viele Geschichten von Menschen, denen wirklich im Zustand des Lachens Erleuchtung zuteil wurde. Zum Beispiel gab es da einen Eremiten, dessen getreuer Schüler mehrere Meilen entfernt in einem Dorfe wohnte und den Eremiten mit Lebensmitteln und anderen lebensnotwendigen Dingen versorgte. Meist schickte er seine Frau, seine Tochter und den Sohn; aber eines Tages hörte der Eremit, daß sein Gönner selbst kommen werde. Er dachte: »Ich muß ihn beeindrucken, ich muß die Gegenstände auf dem Altar und diesen selbst gründlich saubermachen und putzen und auch meinen Raum hier aufräumen.« So säuberte er alles und dekorierte es um, bis der Altar mit seinen wassergefüllten Schüsseln und von Butter gespeisten hell brennenden Lampen höchst eindrucksvoll aussah. Als er damit fertig war, setzte er sich nieder und betrachtete den Raum. Alles sah so ordentlich, aber irgendwie unnatürlich aus. Zu seinem größten Erstaunen wurde ihm da klar, daß er wie ein Heuchler handelte. Da ging er in die Küche, holte Hände voll Asche, streute sie überall herum, auch über den Altar, bis alles völlig verschmutzt aussah. Als sein Gönner eintrat, war er durchaus von der Echtheit des Raumes beeindruckt. Da vermochte der Eremit sich nicht länger zu beherrschen. Er platzte lachend los und sagte: »Ich hatte mich selbst und den Raum gereinigt, aber dann hielt ich es für besser, ihn dir so zu zeigen, wie er jetzt ist.« Und beide, Gönner und Eremit, lachten herzlich. Es war der große Augenblick der Erweckung für beide.

F: In jedem Ihrer Vorträge beschreiben Sie eine anscheinend unentrinnbare Situation, die uns alle gefangenhält und in der wir bereits verstrickt sind. Ich frage mich, ob Sie auch einen möglichen Ausweg daraus andeuten wollen.

A: Nun sieh, der springende Punkt ist: sofern wir ständig von Auswegen sprechen, flüchtet sich unsere Phantasie ungehemmt in Träume vom Davonkommen, von Rettung und Erleuchtung. Bleiben wir besser praktisch. Laß uns prüfen, was jetzt in unserer neurotischen Phantasie vor sich geht. Sowie wir mit den negativen Aspekten unseres Seins vollständig vertraut sind, finden wir auch automatisch einen »Weg heraus«. Wenn wir jedoch davon sprechen, wie wunderbar und freudevoll das Erreichen unseres Zieles sein wird, dann werden wir zu ernsthaft und romantisch; und diese Haltung wird uns zum Hindernis.

Man muß praktisch denken. Nehmen wir an, du gehst zum Arzt, weil du dich krank fühlst. Ehe der Arzt dich behandeln kann, muß er wissen, was mit dir los ist. Nicht was in Ordnung ist oder was besser sein könnte, steht zur Debatte. Du mußt dem Arzt deine Krankheitssymptome beschreiben, wenn er dir helfen soll. Darum hat Buddha die Vier Vortrefflichen Wahrheiten zu seinem ersten

Gebot gemacht. Du mußt damit beginnen, dir über die Stelle des Schmerzes klarzuwerden. Nachdem du das festgestellt hast, gehst du der Ursache des Leidens, *dukkha,* nach und suchst nach einer Möglichkeit, dich davon zu befreien. Buddha begann seine Unterweisung nicht, indem er über die Schönheit der Erleuchtung sprach.

F: Wenn ich mich an das Prinzip von Prüfung und Beurteilung halte, beginne ich zu glauben, daß Irrtümer und Fehler, die Sie beschreiben, in späteren Vorlesungen sozusagen fortgeschrittener erscheinen als in früheren; ist das richtig?

A: Ja, das stimmt. Selbst wenn man, wie im Falle von Bodhisattvas, den Pfad betreten hat und im Begriff ist, erweckt zu werden, kann die Neigung auftreten, diesen erwachenden Status zu analysieren. Das schließt analytische Selbstbetrachtung ein und geht solange weiter, bis es zu einem Schock kommt, den man *vajra-ähnliches samadhi* nennt. Es ist die letzte Stufe der Meditation. Diese Erleuchtung zu erlangen, heißt »vajra-ähnlich«, weil sie kein Manipulieren mehr zuläßt. In Buddhas Lebensgeschichte lesen wir von den Versuchungen Maras, die sehr sublimer Art sind. Als erste Versuchung ist da die Angst vor dem körperlichen Zerstörtwerden; und als letzte die Verführung durch die Töchter Maras. Sie ist besonders folgenschwer, denn sie leitet zum Gedanken, »ICH« habe etwas erreicht. Wenn wir uns diesem Glauben hingeben, sind wir von den Töchtern Maras zum geistigen Materialismus verführt.

Die Entwicklung des Ego

Befassen wir uns mit dem buddhistischen Weg von seinem Anfang bis zum Ende, von der Geisteshaltung des Anfängers bis zu der des Erleuchteten, so glaube ich, wir sollten von etwas sehr Konkretem und Realistischem ausgehen. Es wäre unklug, ein schwieriges Thema anzuschneiden, ehe wir mit dem Ausgangspunkt vertraut sind, nämlich der Natur des Ego. In Tibet haben wir ein Sprichwort: »Bevor der Kopf nicht völlig gar gekocht ist, hat es keinen Sinn, nach der Zunge zu greifen.« Jede geistige Übung braucht jenes Grundverständnis des Ausgangspunktes, des Materials, mit dem wir arbeiten.

Sind wir mit dem zu bearbeitenden Material nicht vertraut, bleiben unsere Studien sinnlos und Spekulationen über das Ziel reine Phantasie. Solche Spekulationen können vielleicht zu gereiften Ideen führen und geistige Erlebnisse beschreiben, aber sie erfassen nur unbedeutendere Aspekte der menschlichen Natur, wie etwa unsere Erwartungen und Wünsche, etwas Ungewöhnliches und Schillerndes zu hören oder zu sehen. Wenn wir so unsere Studien mit Träumen von »Erleuchtung« und dramatischen Erfahrungen beginnen, bauen wir stets Erwartungen und Vorurteile auf, die unser Denken später mit der Vorstellung von dem belasten, was sein *wird*, und nicht sehen lassen, was *ist*.

Darum ist es wichtig, zunächst die Frage zu klären, was wir sind und warum wir suchen. Allgemein gesehen behandeln alle religiösen Traditionen dieses Thema, indem sie von *alaya-vijnana*, der Erbsünde, sprechen, von der Vertreibung aus dem Paradies oder der Basis des Ego. Meist sieht die Religion diese Frage sehr negativ. Ich jedoch meine, wir brauchen uns dessen, was wir sind, nicht zu schämen. Als fühlende Wesen haben wir eine wundervolle Möglichkeit; vielleicht sind wir nicht besonders erleuchtet, friedfertig oder intelligent, aber dennoch bleibt uns genügend Nährboden, um etwas hineinzupflanzen. Sehen wir dieses Problem unter diesem Gesichtspunkt, dann verurteilen wir nicht und versuchen auch nicht, unsere Ego-Psychologie auszuschalten; wir erkennen die Dinge lediglich so, wie sie sind. Tatsache ist, daß das Verstehen des Ego die Grundlage für den Buddhismus bildet. Wie jedoch entwickelt sich das Ego?

Allem zugrunde liegt da einfach ein offener Raum, der der Urgrund dessen ist, was wir wirklich sind. Es ist unser Sein, bevor das Ego geformt wurde, mit seinem absoluten Offensein und Urfrieden. Nimm zum Beispiel unser Denkverhalten im täglichen Leben. Wir sehen ein Ding – und im ersten Augenblick ist diese Wahrnehmung ohne Logik und Verstand; wir nehmen das Objekt eben nur wahr. Dann versuchen wir eiligst und panikartig, etwas hinzuzufügen, indem wir einen Namen dafür zu finden oder es sonst irgendwie einzuordnen suchen. Von hier an entwickeln sich die Dinge dann allmählich weiter.

Sie führen jedoch nicht zu einer greifbaren Einheit, sondern bleiben eine Illusion, der irrtümliche Glaube an das »Selbst« oder »Ego«. Der befangene Geist hat die Tendenz, sich selbst als etwas Konkretes zu sehen, er ist jedoch nur eine Ansammlung von Tendenzen und Geschehnissen. In buddhistischer Terminologie nennt man diese Ballung die »Fünf Skandhas« oder Fünf Gruppen. Wahrscheinlich durchlaufen wir alle Stadien dieser Entwicklung.

Im Anfang ist da nur offener Raum, niemandem zu eigen. Die Ur-Intelligenz jedoch ist stets mit Raum und Offensein verbunden. *Vidya* bedeutet Intelligenz in Sanskrit – Präzision und Raumumgrenzheit, kurzum ein Bereich, in dem man Dinge tun und Dinge auswechseln kann. Er ähnelt einer geräumigen Halle mit viel Raum zum Tanzen, ohne die Gefahr, etwas umzuwerfen oder über etwas zu stolpern; also mit unbehinderter Weite. Wir *sind* dieser Raum, wir sind *eins* mit ihm, mit Vidya, Intelligenz und Offensein.

Wenn wir aber dies nun allezeit sind, woher dann unsere Konfusion? Wohin ist die Weite geschwunden – was ist geschehen? In der Tat, nichts ist geschehen. Wir sind einfach in diesem Raum zu aktiv geworden. Die Weite hat uns inspiriert, darin zu tanzen; aber unser Tanz wurde etwas zu lebhaft. Wir begannen, uns mehr zu drehen als nötig war, um dem Raum Genüge zu tun. Dann wurde es uns *bewußt*, bewußt, daß »ICH« in dem Raum tanzte.

Unter diesen Umständen jedoch ist der Raum nicht länger Raum an sich. Er wird zu Materie. Anstatt eins zu sein mit dem Raum, fühlen wir ihn als greifbare Masse um uns. Es ist das erste Erlebnis von Dualität – der Raum und ich, ich tanzend im Raum. Der Raum wird zu einem separaten Sein. Dualität bedeutet »Raum und Ich«, anstelle von völligem Einssein mit dem Raum. So kommt es zur Geburt von »Form« und »allen anderen Erscheinungen«.

Dann setzt eine Art Bewußtseinsschwund ein, so daß wir vergessen, was wir tun. Da ist ein plötzlicher Stillstand, eine Pause; wir wenden uns um und »entdecken« festen Raum, als wüßten wir gar nicht, daß wir selbst ihn geschaffen haben. Hier ist eine Lücke. Nun wir den definierten Raum produziert haben, überwältigt uns dieser Gedanke, und wir verlieren uns darin. Ein plötzliches Schwinden der Sinne überkommt uns, und dann auf einmal folgt das Erwachen.

Wenn wir erwachen, weigern wir uns, Raum noch als unbegrenzte Weite zu sehen, und sein sanftes Fluidum entgeht uns. Wir ignorieren es völlig, und dies wird *avidya* genannt. »A« bedeutet Verneinung, »Vidya« ist Intelligenz, womit *avidya* also mit unintelligent oder ignorant übersetzt werden kann. Da die Ur-Intelligenz nun zum Wahrnehmungsvermögen des begrenzten Raumes transformiert und damit statisch geworden ist, heißt sie jetzt Avidya, »Ignoranz«. Wir ignorieren absichtlich. Wir sind nicht damit zufrieden, im Raum tanzen zu können, wir wollen einen Partner haben und wählen den Raum. Wenn du dir den Raum als Partner zum Tanz wählst, dann willst du selbstverständlich, daß er mit dir tanzt. Um ihn zu besitzen, mußt du ihn in feste Substanz umwandeln und seine fließende, offene Art ignorieren. Das ist Avidya und der Höhepunkt der *Ersten Skandha,* die Bildung der Ignoranz.

Tatsache ist, daß diese Skandha der ignoranten Form drei verschiedene Aspekte oder Stadien hat, die wir in einer anderen Metapher untersuchen können. Stellen wir uns vor, im Anbeginn war da eine weite Ebene, ohne Berge und Bäume, völlig offenes Land, eine Wüste ohne jede Besonderheit. Genauso, wie wir und was wir sind. Wir sind von Grund auf einfach. Aber doch scheinen darüber Sonne und Mond, spielen hier und da Lichter und Farben. Und es vibriert Energie zwischen Himmel und Erde. Dieser Zustand dauert eine ganze Weile.

Seltsamerweise aber ist da plötzlich jemand, der all dies wahrnimmt. Es ist, als habe sich ein Sandkorn erhoben und schaute sich um. Wir sind dieses Sandkorn und werden uns unserer Gesondertheit bewußt. Das ist das erste Stadium in der »Geburt der Ignoranz«, eine Art chemischer Reaktion. Der Dualismus hat eingesetzt.

Das zweite Stadium heißt: »Ignoranz von innen her geboren.« Hat man einmal erkannt, daß man gesondert lebt, meint man, daß dies immer schon so gewesen sei. Das ist Befangenheit. Es dient uns auch zur Entschuldigung dafür, separat zu bleiben, ein individuelles Sandkorn. Das ist ein aggressiver Typ von Unwissenheit. Zwar nicht aggressiv im Sinne von Ärger; soweit hat es sich noch nicht entwickelt; eher aggressiv in der Weise, daß man sich ungeschickt fühlt, unausgeglichen, und deshalb versucht, den Boden unter sich nicht zu verlieren und ein Obdach zu finden. Mit dieser Einstellung geraten wir durcheinander, separieren uns, und das ist alles, was darin liegt. Man hat sich selbst der Grundlandschaft des Raumes und der Weite entfremdet.

Das dritte Stadium ist die »Ignoranz der Selbstbeobachtung«. Man sieht sich selbst wie einen äußeren Gegenstand, der zum ersten Mal den Begriff »ein anderer« aufkommen läßt, und es bahnt sich ein Verhältnis zur sogenannten Außenwelt an. So beginnen die drei Stadien der Ignoranz, die Welt der Form zu schaffen.

Wenn wir hier von Ignoranz sprechen, meinen wir damit durchaus nicht Dummheit. In gewisser Hinsicht ist Ignoranz sogar intelligent, aber es ist eine zwiespältige Intelligenz. Man reagiert mehr auf seine eigene Vorstellung, als das zu sehen, was wirklich da ist. Es kommt zu keinem »Sich-Öffnen«, denn man ignoriert ja sein eigenes Sein. Das ist die Grunddefinition von Ignoranz.

Der nächste Schritt führt zur Entwicklung eines Schutzsystems für diese Ignoranz durch das Gefühl, die Zweite Skandha. Da wir den offenen Raum bereits verloren haben, möchten wir nun eine feste Substanz fühlen können, um unser Suchen zu befriedigen. Selbstredend meint »Raum« nicht bloßen Raum, denn er enthält Farben und Energie von enormer Intensität. Aber wir haben dies völlig übersehen, und für uns existiert nur eine fixierte Vorstellung von Farbe und Energie als stoffliche Substanz; wir haben den ganzen Raum materialisiert und in ein »anderes« verwandelt. Wir greifen danach und möchten dieses »andere« fühlen können, um uns dadurch unserer eigenen Existenz zu versichern. »Wenn ich das da draußen berühren kann, bin ich selbst auch da.«

Immer, wenn irgend etwas vor sich geht, versucht man, es zu betasten um herauszufinden, ob es verlockend, bedrohend oder neutral ist. Bei Unkenntnis unserer Beziehung zu »diesem« oder »jenem« suchen wir stets nach festem Grund. Es ist ein außerordentlich wirksamer Gefühlsmechanismus, den wir aufbauen: die Zweite Skandha.

Der nächste Schritt, um unser Ego zu stabilisieren, führt zur Dritten Skandha, dem Wahrnehmungsimpuls. Wir werden zusehends von unserer eigenen Schöpfung, den statischen Farben und statischen Energien, fasziniert. Wir möchten eine Verbindung mit ihr herstellen und beginnen, unser Werk nach und nach zu erforschen.

Um dieses Erforschen wirksamer zu gestalten, muß ein Schaltzentrum – eine Kontrolle des Gefühlsmechanismus – eingerichtet werden. Das Gefühl leitet seine Informationen zu diesem Schaltzentrum, das der Akt der Wahrnehmung ist. Dieser Information entsprechend reagieren wir und formen unser Urteil. Ob wir dafür oder dagegen oder uninteressiert reagieren sollen, wird automatisch von dieser Bürokratie von Gefühl und Wahrnehmung bestimmt. Finden wir die Situation bedrohlich, werden wir sie von uns fernhalten, ist sie verlockend, werden wir sie an uns ziehen, ist sie neutral, bleiben wir an ihr uninteressiert. Es gibt drei Arten von Impulsen: Haß, Verlangen oder Gleichgültigkeit. So bezieht sich Wahrnehmung also auf das Aufnehmen von Information aus der Außenwelt und der Impuls auf unsere Reaktion auf die Information.

Im nächsten Stadium, der Vierten Skandha, werden Begriffe gebildet. Der Wahrnehmungsimpuls ist eine automatische Reaktion auf das intuitive Gefühl. Diese Reaktion ist jedoch keineswegs ausreichend zum Schutz der eigenen Ignoranz und garantiert auch keine Sicherheit. Um sich wirklich zu schützen und vollkommen zu täuschen, ist der Intellekt erforderlich, der es ermöglicht, die Dinge zu benennen und einzuordnen. Wir etikettieren Dinge und Geschehnisse als »gut«, »schlecht«, »schön«, »häßlich« usw., je nachdem, welchen Impuls wir für angemessen halten.

So wird die Struktur unseres Ego immer dichter und gewichtiger. Bis zu diesem Punkt war seine Entwicklung ein reiner Prozeß von Aktion und Reaktion. Von jetzt an jedoch entwickelt sich das Ego über den niederen Instinkt hinaus. Wir wagen uns an geistige Bewertungen, bestätigen oder interpretieren uns selbst und erwägen logisch gewisse Situationen. Die Grundnatur des Intellekts ist recht logisch. Offensichtlich neigt er dazu, auf positive Umstände hinzuarbeiten: um unsere Erfahrungen zu bestätigen, unsere Schwächen in Stärke umzudeuten, eine auf Logik gestützte Sicherheit zu schaffen und so unsere Ignoranz zu untermauern.

In gewissem Sinn kann man sagen, daß unsere Ur-Intelligenz dauernd weiter am Werke bleibt, aber sie ist dualistisch festgelegt in Ignoranz. In den Anfangsstadien der Entwicklung des Ego besitzt sie noch die intuitive Schärfe des Gefühls; später aber verflacht sie zu einer Form des Intellekts. Es sieht in der Tat so aus, als gäbe es gar kein Ego, keine Form von »ICH BIN«. Es gibt nur eine Ansammlung von Dingen, ein »brillantes Kunstwerk«, als Produkt des Intellekts, das da sagt, »laß uns einen Namen suchen, laß es uns ›ICH BIN‹ nennen« – das ist sehr gescheit. So wird »ICH« das Produkt des Intellekts, das Etikett, das die ganze disorganisierte und zerstückelte Welt des Ego vereint.

Die letzte Station in der Entwicklung des Ego ist die Fünfte Skandha, das Bewußtsein. Hier findet eine Verschmelzung statt: Die intuitive Intelligenz der Zweiten Skandha, die Energie der Dritten und die Intellektualisierung der Vierten vereinen sich zur Erzeugung von Gedanken und Gefühlen. Daher finden wir auf der Ebene der Fünften Skandha sowohl die »Sechs Bereiche« wie auch die unkontrollierbaren und unlogischen Muster des abschweifenden Denkens.

Es ist dies ein vollständiges Bild vom Ego. So, wie wir alle es in unserem Studium der buddhistischen Psychologie und Meditation erfahren haben.

In der buddhistischen Literatur gibt es eine häufig gebrauchte Metapher, die den ganzen Ablauf der Schaffung und Entwicklung des Ego beschreibt. Es handelt sich dabei um einen Affen, der in einem leeren Haus eingesperrt ist. Dieses Haus hat fünf Fenster, die die fünf Sinne vorstellen. Der Affe ist wißbegierig; er steckt seinen Kopf aus jedem Fenster heraus und springt ruhelos auf und ab. Er ist ein gefangener Affe in einem leeren Haus. Es ist ein festgefügtes Haus, anders als der Urwald, in dem der Affe herumspringen und das Rauschen des Waldes in den Zweigen und Blättern hören konnte. All dies ist plötzlich zu festen Gegenständen geworden, ja sein ganzer Urwald ist ein massives Haus, ein Gefängnis geworden. Anstatt auf einem Baum zu sitzen, sieht sich dieser wißbegierige Affe von Wänden eingeengt, als sei ein sich ergießender Wasserfall plötzlich gefroren. In diesem gefrorenen Haus, aus gefrorenen Farben und Energien, herrscht Lautlosigkeit. Hier scheint der Punkt zu sein, an dem die Zeit beginnt, als Vergangenheit, Gegenwart und Zukunft. Der Fluß der Zeit wird zu einer materialistischen Idee.

Der wissensdurstige Affe erwacht aus seiner Bewußtlosigkeit, kommt aber nicht völlig zur Besinnung. Nun findet er sich in diesem klaustrophobischen Haus mit nur fünf Fenstern gefangen. Gelangweilt, und wie in einem Käfig im Zoo, klettert er an den Stangen hinauf und herunter. Daß er gefangen ist, ist an sich nicht so bedeutsam; aber durch seine Vorstellung davon wird die Tatsache tausendfach in ihrer Bedeutung verstärkt. Das Gefühl des Eingesperrtseins wird dadurch immer lebendiger, immer akuter, weil er seinen Zustand näher zu erforschen trachtet. Dieses enorme Interesse ist mit ein Grund, wenn er eingesperrt bleibt. Er ist ein Gefangener seiner eigenen Einstellung. Gewiß war da anfangs eine spontan einsetzende Bewußtlosigkeit, die seinen Glauben an eine materielle Welt bestätigte. Aber nachdem er sich nun damit abgefunden und es akzeptiert hat, bleibt er in seiner eigenen Verstrickung gefangen.

Natürlich ist unser wißbegieriger Affe nicht ständig mit Nachforschen beschäftigt. Er beginnt sich zu erregen, fühlt, wie sich einiges wiederholt und anderes uninteressant ist und fängt an, neurotisch zu werden. Nach Ablenkung hungernd, untersucht er die Wände und überprüft deren feste Masse. Nachdem er sich dessen versichert hat, berührt er sie, schlägt dagegen oder ignoriert sie völlig. Wenn er versucht, nach dem Raum zu greifen, um ihn als seine Erfahrung, seine Entdeckung und eigenes Verstehen zu besitzen, dann spricht hieraus ein Verlangen. Oder wenn ihm der Raum als sein Gefängnis erscheint, versucht er wütend, sich durch Fußtritte und Stöße daraus zu befreien, denn jetzt spricht der Haß. Im Haß aber liegt nicht nur der Wunsch nach Zerstörung, sondern eher noch ein Gefühl, sich verteidigen zu müssen, sich gegen die »Platzangst« zu wehren. Der Affe fühlt sich nicht unbedingt einem Gegner oder Feind gegenübergestellt; er will einfach ausbrechen.

Zu guter Letzt versucht er vielleicht auch, sein Gefangensein zu ignorieren oder empfindet etwas Beruhigendes in seiner Umgebung. Er wird gegen das, was um ihn herum vorgeht, völlig gleichgültig und verfällt in Stumpfsinn.

Um noch einmal zurückzugreifen, könnte man wohl auch sagen, daß der Affe in dieses Haus geboren wird, sobald er aus seiner Bewußtlosigkeit erwacht. Da er nicht weiß, wie er in dieses Gefängnis gekommen ist, nimmt er an, er sei schon immer darin gewesen und vergißt, daß er selbst es war, der den Raum in feste Wände umgewandelt hat. Er fühlt die Struktur der Wände, welches der Zweiten Skandha entspricht, dem Gefühl. Danach formt er sein Verhältnis zu dem Haus als Verlangen, Haß oder Dummheit: die Dritte Skandha, der Wahrnehmungsimpuls. Nach dem Schaffen einer solchen Beziehung beginnt der Affe, die Dinge zu bezeichnen und einzuordnen: »Dies ist ein Fenster. Diese Ecke ist angenehm. Vor dieser Wand fürchte ich mich. Sie ist schlecht.« Er macht sich an eine Bestandsaufnahme, ein vollständiges Inventar, worin alles eingeordnet ist, was er in diesem Haus, seiner Welt, findet, und er ordnet es, je nachdem, ob er es haben möchte, es haßt oder daran uninteressiert ist. Dies ist die Vierte Skandha – das Begriffliche.

Die Entwicklung des Affen bis zur Vierten Skandha war ziemlich logisch und voraussagbar. Aber das Verhaltensmuster beginnt sich zu verwirren, sobald er in die Fünfte Skandha, das Bewußtsein, eintritt. Seine Gedankengänge werden unregelmäßig und unvorhersehbar; er hat Halluzinationen und fängt an zu träumen.

Wenn wir von »Halluzination« oder »Traum« sprechen, verbinden wir damit meist unzutreffende Wertungen. Wir haben eine vorgefaßte Meinung von der Art und Weise, wie die Dinge sein sollten. Es ist unsere Version. Damit aber tauchen wir vollständig in der Welt unserer eigenen Schöpfung unter, einer Welt voller widersprechender Werte und Auffassungen. Halluzination, so gesehen, ist eine Mißdeutung von Dingen und Geschehnissen, Sinn, den wir in die Welt der Phänomene einfach hineindeuten.

Das erfährt der Affe nun beim Erreichen der Fünften Skandha. In seinem mißglückten Versuch, sich zu befreien, fühlt er sich nun niedergeschlagen, hilflos, und so wird er langsam völlig verrückt. Da er von seinen Ausbruchsversuchen so erschöpft ist, überkommt ihn der Wunsch, zu entspannnen, die Gedanken wandern zu lassen und vor sich hin zu träumen. Dies ruft nun die *Sechs Lokas* oder die Sechs Bereiche auf den Plan. In der buddhistischen Überlieferung wird viel über Geschöpfe im Himmel und in der Hölle diskutiert, über die menschliche Welt, den Bereich der Tiere und andere psychologische Wesenszustände. Es sind dies verschiedenartige Vorstellungen, die Traumwelten, die wir uns selbst schaffen.

Verzagt nach mißlungenem Fluchtversuch und von Angst und Schmerzen gepeinigt, verlangt es unseren Affen nun nach etwas Schönem und Verlockendem. So wird ihm zur ersten Halluzination *Deva Loka,* der himmlische Bereich der Götter, ein Raum, der mit wunderschönen Dingen angefüllt ist. In seinen Träumen verläßt der Affe das Haus, wandert über blühende Felder, ißt reife Früchte, sitzt und schaukelt in den Bäumen, lebt ein freies und sorgloses Leben.

Dann beginnt er, sich den *Asura*-Bereich vorzugaukeln, den Bezirk der neidvollen Halbgötter und Titanen. Nach seinem Traum vom Himmel möchte der Affe nun seine Freude und Seligkeit erhalten. Es kommen ihm jetzt Wahnvorstellungen in der Sorge, andere könnten ihm seinen kostbaren Besitz fortnehmen, und so beginnt er, Neid zu empfinden. Er ist stolz auf sich und erfreut sich seines selbstgeschaffenen Gott-Bereiches, und das leitet ihn in das Neidgefühl des Asura-Bereiches.

Und dann erfährt er auch die erdgebundene Art dieses Erlebens. Anstatt wie bisher zwischen Neid und Stolz zu schwanken, fühlt er sich jetzt zufrieden und in der »irdischen Welt« der Menschen ganz zu Hause. Es ist die Welt eines geregelten Lebens und üblichen Tuns in irdischer Weise. Der menschliche Bereich.

Aber dann fühlt sich der Affe etwas gelangweilt, weil alles irgendwie zähflüssiger zu werden scheint. Das kommt daher, weil er nun vom himmlischen Gottbereich durch das Gebiet des Neidischen Gottes und weiter in den Bezirk der menschlichen Wesen gelangt ist, und seine Vorstellungen damit immer dichter geworden sind. Nun aber wird er ins Tierreich geboren. Da möchte er lieber krabbeln oder »Muh« sagen oder bellen, als sich an an sinnlichen Vorgängen wie Behagen, Stolz oder Neid erfreuen. Jetzt lebt er im Empfinden tierischer Primitivität und Einfalt.

Doch nun intensiviert sich dieser Prozeß, und ihn überkommt ein Gefühl völliger Auszehrung, denn er will ja in keinen der niederen Bereiche hinabsteigen. Er möchte gern in die Gefilde göttlicher Freude zurück; mit Hunger und Durst verbindet sich das zehrende Gefühl der Rückerinnerung an das, was er hatte. Er ist im Reich der *Hungrigen Geister,* der *Preta*-Ebene, angelangt.

Aber der Affe verliert jetzt allen Glauben und beginnt, in wilder Reaktion an sich und seiner Welt zu zweifeln. Alles ist ein entsetzlicher Alptraum, der nicht wahr sein kann, und er fängt an, sich selbst dafür zu hassen, daß er all diese Greuel heraufbeschworen hat. Es ist der Traum der Hölle, der letzte der Sechs Bereiche.

Über diese ganze Entwicklung hin war das Denkverhalten des Affen von Ideen und Phantasien erfüllt. Bis zur Fünften Skandha verlief psychologisch alles gleichmäßig und voraussagbar. Von der ersten Skandha an entwickelte sich jede neue Stufe ganz systematisch, wie gefügte Schindeln auf einem Dach. Aber jetzt werden seine Gedankengänge völlig wirr, unzusammenhängend und verstört, weil sein geistiges Puzzlespiel auseinanderbricht. In solch einem Zustand scheinen wir uns zu befinden, und von hier aus müssen wir beginnen.

Ich halte es für wichtig, den Ausgangspunkt des Pfades – das Ego und unsere Verwirrung – zu erörtern, ehe wir über Befreiung und Freiheit sprechen. Würde ich lediglich auf das Erlebnis der inneren Befreiung eingehen, wäre dies gefährlich. Darum beginnen wir mit der Entwicklung des Ego, einer Art psychologischer Porträtstudie. Ich fürchte, dies war kein besonders erholsames Gespräch, aber wir müssen den Tatsachen ins Auge sehen. Das scheint mir die Voraussetzung für einen jeden zu sein, der unseren Pfad betritt.

F: Könnten Sie etwas näher erklären, was Sie unter einem »Ohnmachtszustand« verstehen?

A: Nun, es ist nichts besonders Wesentliches. Wir hatten uns lediglich auf der Stufe der Ersten Skandha zu intensiv bemüht, den Raum zu verdichten, und darüber ist unsere Denkkraft plötzlich erlahmt. Man könnte dies eine Art umgekehrtes Satori nennen, das Gegenteil des Erleuchtungsvorganges. Plötzlich fällst du in einen Trancezustand, weil du dich zu sehr abgemüht hast. Hier geschieht etwas, was du tatsächlich *erreicht* hast, ein Meisterstück all dieser Materialisierung. Es so erreicht zu haben, überwältigt dich. Eine Meditation eigener Art, etwas wie umgekehrtes Samadhi.

F: Glauben Sie, daß Menschen sich des Todes bewußt sein müssen, um wirklich leben zu können?

A: Ich glaube, du brauchst dir dazu nicht unbedingt den Tod vorzustellen, d. h. ihn zu analysieren, aber du mußt dir dessen bewußt werden, was du bist. Wir neigen oft dazu, nur auf das Positive zu blicken, nämlich die Schönheit der Spiritualität, und übersehen dabei uns selbst, wie wir sind. Darin liegt die größte Gefahr. Während wir in Selbstanalyse vertieft sind, versucht unsere Meditation eine letztgültige Analyse zu finden und damit den endgültigen Selbstbetrug. Das Ego ist in dieser Hinsicht außerordentlich begabt. Es vermag alles zu verzerren. Wenn man sich mit der Idee des Spiritualismus, der Selbstanalyse oder auch der Transzendenz des Ego befaßt, dann ergreift das Ego sogleich die Gelegenheit, dies in Selbstbetrug zu übersetzen.

F: Wenn der Affe zu halluzinieren anfängt, ist dies etwas, was er schon von früher her kannte? Wie entsteht überhaupt Halluzination?

A: Es ist eine Art Instinkt, ein sekundärer Instinkt, der in uns allen lebt. Empfindet man Schmerz, dann wird ein Wille dir Lustempfinden als Gegensatz vorgaukeln. Es liegt ein Drang zur Selbstverteidigung darin.

F: Bleibt es in unserer gegenwärtigen Bewußtseinslage nicht ein aussichtsloser Kampf, den wir führen; es sei denn, wir finden zurück in den Raum, den Sie beschrieben haben?

A: Gewiß müssen wir immer weiterkämpfen. Eine Aufzählung all dieser Kämpfe, die wir durchzustehen haben, nähme kein Ende. Es gibt hier keine andere Antwort darauf, als die, die du eben erwähnt hast – den Versuch, wieder in unseren Ur-Raum zurückzufinden. Sonst bleiben wir in dem psychologischen Zwiespalt von *diesem* im Gegensatz zu *jenem* stecken. Wir bekämpfen stets einen Gegner. Es gibt keinen Augenblick, in dem dieser Kampf ruht. Das Problem heißt Dualität, Konfrontation zwischen mir selbst und meinem Gegner.

Meditation ist eine vollständig andere Arbeitsmethode. Man muß seine ganze Haltung und Lebensführung ändern. Man muß sich sozusagen völlig umkrempeln. Und das kann recht schmerzhaft sein. Plötzlich wird einem klar: »Wenn ich nicht kämpfe, wie soll ich dann mit meinen Feinden fertig werden? Ich selbst finde es zwar ganz in Ordnung, friedfertig und kampflos zu leben, aber wie denken die anderen darüber? Ich muß schließlich mit ihnen rechnen.« Und das ist der interessante Punkt.

F: Eine Wand zu sehen und zu wissen, daß man davorsteht und nicht weitergehen kann, ergibt, scheint mir, eine sehr schwierige Position.

A: Genau das ist es. Es ist nicht gefährlich. Im Augenblick magst du schockiert sein, wenn du erkennst, daß du vor einer Mauer stehst und dahinter gefangen bist, aber das ist eben der interessante Punkt.

F: Aber hatten Sie nicht gerade gesagt, daß man instinktiv zum offenen Raum und in das frühere Stadium zurückkehren möchte?

A: Gewiß, aber der Affe will sich nun nicht mehr *sein* lassen; er muß immerzu weiterkämpfen oder ist in Halluzinationen eingefangen. Er gönnt sich keine Ruhe und erlaubt sich nicht, wirklich etwas zu fühlen. Und das ist eben das Problem. Darum ist das einfache Stillhalten, das Eintretenlassen einer Leere, der erste Schritt zur Meditationsübung.

F: Angenommen, man ist sich durchaus einer Barriere, einer Hemmung bewußt. Sollte dieses Gehemmtsein dann einfach verschwinden, bloß weil man sich dessen bewußt geworden ist?

A: Die Hauptsache ist, daß wir nicht herauszufinden suchen, wie wir diesem Dilemma entgehen können. Wichtig ist im Augenblick ausschließlich, an diese klaustrophobischen Räume zu denken, in denen wir uns befinden. Wir müssen uns selbst fühlen und identifizieren. Das wird uns dann die Inspiration zu weiterem Studium geben. Aber vorläufig sollten wir noch nicht vom Freiwerden sprechen.

F: Würden Sie sagen, daß diese Raumängste alle dem Intellekt entspringen?

A: Die Intensität der Ur-Intelligenz lebt ständig in uns. Alle Aktivitäten des Affen sollten darum auch nicht als etwas zu Vermeidendes betrachtet werden, sondern als ein Produkt der Ur-Intelligenz. Je mehr wir dagegen ankämpfen, um so mehr wächst unsere Einsicht von der Härte der Wände. Und im Grade der von uns aufgewandten Energie verhärten sie sich zunehmend. Je mehr Aufmerksamkeit wir ihnen widmen, um so hoffnungsloser wird jeder Fluchtversuch daraus.

F: Was nimmt der Affe wahr, wenn er aus den fünf Fenstern des Hauses herausschaut?
A: Nun, er nimmt Ost, West, Nord und Süd wahr.

F: Wie sieht das für ihn aus?
A: Wie eine quadratische Welt.

F: Was geht außerhalb des Hauses vor?
A: Alles bleibt quadratisch, denn er sieht durch ein Fenster.

F: Sieht er nichts in der Ferne, ich meine in Perspektive?
A: Er könnte wohl, aber das bliebe der gleiche Ausschnitt, genau, als hinge ein Bild an der Wand, nicht wahr?

F: Was würde geschehen, wenn der Affe ein wenig LSD oder sonst eine Droge nähme?
A: Er hat es ja schon genommen.

Die sechs Bereiche

Als wir den Affen verließen, war er im höllischen Bereich bei seinem Versuch, sich durch Treten, Kratzen und Stoßen einen Ausweg durch die Wände des Hauses zu schaffen. Seine Erlebnisse in diesem Höllenbereich sind recht beängstigend und erschreckend. Er hat ein Gefühl, als ginge er über eine weite Ebene rotglühenden Eisens oder als sei er angekettet und auf seinem Körper sei in schwarzen Linien angezeichnet, wie er zerschnitten werden sollte, als röstete er in einer heißen Kammer oder werde in einem Riesenkessel gekocht. Solche und andere Wahnvorstellungen der Hölle entstehen aus Raumangst und Angriffslust. Es ist ein Empfinden, in einem engen Raum ohne Atemluft und jegliche Bewegungsfreiheit gefangen zu sein. In diesem Zustand versucht der Affe nicht nur, die Wände seines Gefängnisses zu durchbrechen, sondern sucht sogar, sich umzubringen, um dieser unerträglichen, anhaltenden Pein zu entgehen. Aber es gelingt ihm einfach nicht, sich selbst zu töten, und all seine Selbstmordversuche verstärkten nur seine Torturen. Schließlich aber schwindet seine Angriffsintensität, und er gibt alle weiteren Ausbruchsversuche auf. Er scheint paralysiert, gefroren und in Schmerz eingehüllt und ohne Hoffnung, all dem zu entkommen; mit anderen Worten: zu Tode erschöpft.

Jetzt aber beginnt die Intensität des Höllenbereiches nachzulassen, der Affe fängt an zu entspannen, und plötzlich sieht er vor sich die Möglichkeit eines offeneren Weges zum Sein. Ihn verlangt nach diesem neuen Zustand, und er gerät so in den Bereich der Hungrigen Geister oder Preta Loka, mit dem Wunsch nach Erlösung aus seiner Armseligkeit. Im höllischen Bereich war er viel zu tief in Kämpfe verwickelt, um nach einer Besserung seiner Lage Ausschau zu halten. Jetzt aber erwacht in ihm ein intensives Verlangen nach einem lebenswürdigen Sein, und seine Phantasie weist ihm viele Wege, wie er es stillen könnte. Es mag ihm vorschweben, weit in der Ferne einen offenen Raum zu erblicken, doch wenn er näherkommt, findet er nur eine unendliche und beängstigende Wüste. Oder er sieht am Horizont einen riesigen Obstbaum; wenn er ihn jedoch erreicht hat, entdeckt er, daß er keine Früchte trägt oder daß ihn jemand bewacht. Es mag dem Affen auch vorkommen, als flöge er zu einem grünen, fruchtbaren Tal, findet es aber voller giftiger Insekten und dem widerlichen Geruch verwester Pflanzen. In all seinen Halluzinationen scheint die Möglichkeit zu einer Befriedigung gegeben, aber sowie er danach greift, wird er sofort enttäuscht. Jedesmal, wenn er sich einem Genuß nahe glaubt, wird er roh aus seinem idyllischen Traum gerissen, aber der Hunger erzeugt in ihm ein so starkes Verlangen, daß er nicht abläßt und darin fortfährt, sich in seiner Phantasie kommende Befriedigungen auszumalen. Der Schmerz der Enttäuschung entwickelt im Affen ein Liebe-Haß-Verhältnis zu seinen Träumen. Sie faszinieren ihn, aber die Enttäuschung ist so schmerzlich, daß sie ihn ebenso abstoßen.

Die Qual im Bereich der Hungrigen Geister liegt nicht so sehr in der Pein, daß er nicht zu erreichen vermag, was er wünscht; es ist vielmehr der unstillbare Hunger selbst, der ihn peinigt. Wahrscheinlich würde der Affe, fände er große Mengen von Lebensmitteln, diese gar nicht anrühren; oder er würde alles verschlingen und nach mehr verlangen. Im Grunde genommen ist er nämlich mehr davon fasziniert, hungrig zu sein, als den Hunger zu stillen. Seine so prompt vereitelten Versuche, den Hunger zu stillen, befähigen ihn, wiederum hungrig zu sein. So sorgen Pein und Hunger für eine aufregende Beschäftigung, ergeben für den Affen etwas Gegenständliches, an das er sich halten kann, und vermitteln ihm eine Sicherheit seiner Existenz. Er fürchtet sich, Sicherheit und Unterhaltung aufzugeben, fürchtet sich, in eine unbekannte Welt des offenen Raums einzutreten und bleibt lieber in dem ihm vertrauten Gefängnis, ohne Rücksicht darauf, wie schmerzhaft und bedrückend es auch sein mag.

Allmählich jedoch macht das fruchtlose Bemühen, seine Träume zu erfüllen, den Affen verdrießlich und zunehmend resignierter. Die Intensität des Hungergefühls weicht, er beginnt mehr und mehr zu entspannen und zu seiner von früher her gewohnten Lebensauffassung zurückzufinden. Er verläßt sich wieder auf seine Instinkte und begrenzt auf diese Weise seine Welt: Ein Hund beurteilt alles, womit er in Kontakt kommt, vom Geruch her; eine Katze hat keinerlei Interesse fürs Fernsehen. So ist's im Tierreich – im Bereich der Einfalt. Der Affe ist in bezug auf das, was um ihn herum vorgeht, blind und weigert sich, Neues zu untersuchen. Er hält sich an vertraute Ziele und gewohnte Reize. Er lebt im Bannkreis seiner sicheren, fest in sich gefügten Welt. Der Tierbereich wird durch das Schwein symbolisiert, denn es frißt alles, was ihm vor die Nase kommt. Es sieht weder nach rechts noch nach links, sondern geht direkt auf alles los und tut es, gleichgültig, ob es einen riesigen Sumpf durchschwimmen muß oder sonstige Hürden zu überkommen hat; es pflügt hindurch und frißt alles, was vor ihm liegt.

Nach und nach beginnt dem Affen klarzuwerden, daß ihm selbst die Wahl seiner Freuden und Schmerzen zufällt. Seine Intelligenz wächst, erlaubt ihm, zwischen erfreulichen und schmerzhaften Erlebnissen zu unterscheiden, und gibt ihm die Fähigkeit, Freuden zu erhöhen und Schmerzen zu reduzieren. Es ist der menschliche Bereich, in dem die Fähigkeit liegt, Leidenschaften zu unterscheiden. Hier fängt der Affe an zu erwägen, wonach er trachten will. Er unterscheidet deutlicher, bedenkt Möglichkeiten, überlegt mehr und hofft und fürchtet demzufolge mehr. Des Affen Intelligenz entwickelt sich weiter, und nun erfaßt er Dinge nicht einfach nur so, sondern durchforscht sie, prüft ihre Qualität und vergleicht sie miteinander. Hat er sich dann für etwas entschieden, greift er danach und zieht es zu sich heran, um es zu besitzen. Wenn er beispielsweise einen besonders schönen Seidenstoff haben wollte, würde er in verschiedenen Läden die Qualität des Materials befühlen, um sicher zu gehen, daß er genau das bekommt, was er wünscht. Findet er etwas seiner Vorstellung Entsprechendes, würde er es betasten und sagen: »Ja, das ist das Richtige. Ist es nicht wundervoll? Ich glaube, es lohnt sich, es zu erstehen.« Er würde dafür bezahlen, es mit nach Hause nehmen, dort seinen Freunden zeigen und diese auffordern, das Material gleichfalls zu befühlen, um dessen Qualität zu bewundern. Im menschlichen Bereich überlegt der Affe stets, wie er in den Besitz erfreulicher Dinge kommen kann. »Vielleicht sollte ich einen Teddybären kaufen, den ich mit ins Bett nehmen kann, etwas zum Herzen, das sanft, weich, warm und haarig ist.«

Aber der Affe entdeckt bald, daß man Freuden nicht festhalten kann, obschon er intelligent genug ist, gewisse Dinge nach seinem Geschmack zu manipulieren; er kann auch nicht immer all das bekommen, wonach es ihn verlangt. Zudem plagen ihn Krankheiten, Gebrechen, Enttäuschungen und Probleme aller Art. Der Schmerz ist ein ständiger Begleiter seiner Freuden.

Und so wendet er sich logischerweise den Versprechungen des Himmels zu, die ihm Schmerzlosigkeit und ewige Freude verheißen. Seine Auffassung vom Himmel mag in Aufhäufung riesigen Reichtums, Macht oder Ruhm gipfeln – was immer es sein mag, das seine Welt erfüllt. Dies ist der Asura-Bereich, der Bereich der Neidischen Götter. Der Affe träumt von seinem Idealzustand, der über alle Freuden und Schmerzen des menschlichen Bereichs hinausgeht, und er bemüht sich, diesen Status zu erreichen, indem er ständig versucht, einen jeden zu übertreffen. In diesem anhaltenden Streben, das Absolute zu erreichen, ist er davon besessen, seine Fortschritte mit denen anderer zu vergleichen und danach seinen Erfolg zu bemessen. Dadurch, daß er mit erhöhter Kontrolle über seine Gefühle und Gedanken auch eine intensivere Konzentration erreicht, wird er fähig, seine Welt erfolgreicher zu manipulieren als im menschlichen Bereich. Aber infolge seiner Besessenheit, immer das Beste zu erlangen und Meister jeder Situation zu sein, wird er unsicher und übereifrig. Ständig muß er auf der Hut sein, um seine Errungenschaften vor möglicher Gefahr zu bewahren. Unentwegt kämpft er darum, seine Welt zu meistern.

Der Ehrgeiz, einen Sieg zu erringen und die Furcht, eine Schlacht zu verlieren, vermitteln dem Affen ein Gefühl des Lebendigseins, bedeuten aber auch eine ständige Irritation. Dauernd geht ihm die Sicht auf sein endgültiges Ziel verloren, aber dennoch treibt ihn ständige Ehrsucht, alles besser zu machen. Er wagt sich an Dinge, die über seine Kraft gehen und versucht, sie in seinen Bereich zu ziehen. Bleiben diese Ziele dann doch unerreichbar, läßt sein Kampfgeist zwar nach, aber er selbst macht sich Vorwürfe, sich nicht härter bemüht zu haben. So lebt unser Affe in einer Welt unerfüllter Ideale, seiner Selbstverdammnis und steter Furcht vor dem Versagen.

Endlich mag der Affe sein Ziel erreicht haben – er hat es zum Millionär, zum Führer einer Nation oder zu einem bedeutenden Künstler gebracht. Nachdem sein Ziel nun erreicht ist, wird er sich anfangs zwar noch unsicher, später aber in der Gewißheit, es geschafft zu haben, im Himmel fühlen. Er beginnt sich zu entspannen, sich in seinem Ruhm zu sonnen und alle unerfreulichen Dinge zu ignorieren. Es ist ein Zustand von natürlicher Hypnose in Deva Loka oder dem Bereich der Götter. Als Sinnbild betrachtet, sind die Götter aus Licht geformt; sie haben sich nicht um irdische Dinge zu sorgen. Wenn sie sich lieben wollen, genügt ein Blick und ein Lächeln, um einander zu befriedigen. Möchten sie etwas essen, so richten sie ihre Gedanken auf köstliche Dinge und erlaben sich an ihnen. Es ist eine utopische Welt, so wie Menschen sie sich vorstellen. Alles geschieht mühelos, natürlich und aus eigenem Impuls. Was auch immer der Affe hört, klingt wie Musik, was immer er sieht, ist leuchtend, alle seine Gefühle sind einschmeichelnd. Er befindet sich jetzt in einer Art Selbsthypnose und damit in einem natürlichen Zustand von Konzentration, der alles Irritierende und Unerfreuliche ausschaltet.

Schließlich entdeckt der Affe, daß er auch über diese Sinnesfreuden und Schönheiten des göttlichen Bereiches noch hinausreichen kann. So tritt er in das *dhyana,* einen Konzentrationszustand im Bereich des

Formlosen Gottes, der die endgültige Verfeinerung der Sechs Bereiche umschließt. Es wird ihm bewußt, daß er zu reiner, geistiger Freude gelangen kann und daß sie das Höchsterreichbare ist. Es befähigt ihn nämlich, das Gefühl seines Selbst zu erhalten, indem er die Wände seines Gefängnisses erweitert, solcherweise den ganzen Kosmos hereinzuholen vermag und damit Wechsel und Tod besiegt. Zunächst verweilt er bei der Vorstellung von begrenzter Weite, schaut hinaus in die Unendlichkeit und beobachtet sie. Sodann überträgt er sein inneres Bild auf die Welt und kreiert damit einen unendlichen Raum und erlabt sich an diesem Erlebnis. Im folgenden Stadium konzentriert er sich auf die Idee eines unendlichen Bewußtseins. Und so projiziert er sich nicht nur in den unbegrenzten Raum, sondern gewinnt auch die spirituelle Fähigkeit, die es möglich macht, solche Unendlichkeiten zu empfinden. Sein Ego beobachtet Unendlichkeit und Bewußtsein vom eigenen Zentrum aus, und sein Reich wird so unendlich erweitert, daß es den Begriff für Grenzen völlig verliert.

Allein schon beim Versuch, diese Grenzen zu definieren, scheint das Ego einen Teil seines Gebietes zu verlieren, und so bescheidet es sich mit dieser Erkenntnis. Der Umfang seines Reiches läßt sich vom Sinnlichen her nicht erfassen, und so verweilt denn das Ego in der Idee des Unvorstellbaren. Es hat das Höchste an Konzentration und Leistung vollbracht, dessen ein Gehirn fähig ist.

Der Affe hat nun die allerletzte Stufe des Erreichbaren erklommen; aber er hat nicht jene dualistische Logik überwunden, von deren Transzendierung alles abhängt. Die Wände in seinem Hause stehen nach wie vor festgefügt von dem Begriff des »anderen«. Er mag wohl eine vorübergehende Harmonie erreicht haben, aber das Ganze bleibt eine in sich geschlossene Welt. Die Wände sind zu festen Mauern geworden und also zum Zustand des Ego-Seins. Immer noch bemüht sich der Affe um Selbstsicherung, ist in seinen fixen Ideen befangen, die er von sich und der Welt hat; noch immer nimmt er die Phantasien der Fünften Skandha ernst. Da sein bewußter Zustand auf Konzentration basiert, muß, was immer er erreicht, ständig von ihm überprüft werden. »Was für ein Glück, hier im Bereich der Götter zu leben. Endlich habe ich es geschafft. Ich kann es erfassen. Aber, Moment einmal ... habe ich es wirklich geschafft? Oh ja, hier ist es; ich hab's geschafft. Ich habe es geschafft!« Der Affe glaubt, er habe das *nirvana* erreicht, aber in Wirklichkeit ist es nur ein temporärer Zustand von Ego-Sein.

Früher oder später verschwindet dieses Hochgefühl, und der Affe gerät wieder in Panik. Er fühlt sich bedroht, verwirrt, gefährdet und fällt so in den Bereich der Neidischen Götter zurück. Aber Eifer und Neid in diesem Bereich sind so aktiv, daß der Affe, völlig davon absorbiert, herauszufinden versucht, was fehlgelaufen sei. Damit gelangt er wieder in den Menschlichen Bereich. Da aber auch dort die Pein des verzweifelten Suchens nach einer Ursache anhält, entflieht er zaudernden und kritischen Perspektiven des menschlichen Intellekts und stürzt sich in den Tierbereich. Hier schleppt er sich mühsam herum, ignoriert seine Umwelt und stellt sich taub und stumm gegen jedwede Warnung, wieder den früheren Wegen zu folgen. Aber die Botschaften von außen her entwickeln in ihm ein hungerndes Verlangen, wieder dorthin zurückzufinden. Das Heimweh nach dem Götterbereich intensiviert sich. Wohl läßt seine Phantasie ihn in der Erinnerung all die schönen Dinge wieder genießen, aber dies stillt seinen Hunger nur für kurze Zeit. Das unerfüllte Verlangen kommt wieder und wird so unbezähmbar, daß er sich in einen immer intensiveren Kampf um die Erfüllung seiner Wünsche verwickelt. Seine so gesteigerte Angriffslust wird von seiner Umgebung in gleichem Maße erwidert, und so entwickelt sich um ihn eine Atmosphäre von Fegefeuer und Raumangst. Damit findet sich der Affe in der Hölle wieder. Es ist ihm gelungen, im vollendeten Kreislauf von der Hölle in den Himmel und wieder in die Hölle zurückzufallen. Dieser Zyklus von Kampf, Erreichen, Enttäuschung und Schmerz ist der Kreis von *samsara,* die karmische Kettenreaktion dualistischer Fixierung.

Wie aber kann er diesem anscheinend endlos sich selbst erhaltenden Zyklus des Gefangenseins entkommen? Im Menschlichen Bereich besteht die Möglichkeit, jene karmische Kette – den Kreis des Samsara – zu durchbrechen. Der Geist des Menschlichen Bereiches und seine Urteilsfähigkeit allein vermag den ganzen Prozeß dieses Kampfablaufes zu beurteilen. Hier böte sich dem Affen Gelegenheit, die Fragwürdigkeit seiner Komplexe zu durchschauen. Jedoch müßte er hierzu erst eine Wahrnehmung von Weite und transzendentes Wissen entwickeln. Dies würde ihm ermöglichen, des Raumes gewahr zu werden, in dem sein Kampf vor sich geht, und damit auch die Ironie und den Humor der Situation zu empfinden. Als erstes sieht er die Nutzlosigkeit des Kämpfens ein, und dann lacht er über seine Halluzinationen. Er entdeckt, daß beim Verzicht von Gewalt die Wände nicht hartnäckig widerstehen, sondern warm und sanft werden und sich durchdringen lassen. Er findet heraus, daß er nicht von Fenster zu Fenster springen braucht oder die Wände niederreißen muß, sondern, wo immer er will, durch sie hindurchzugehen vermag. Deshalb ist Erbarmen oder *karuna* als ein »sanftes und nobles Herz« beschrieben.

Klarheit und Präzision des transzendenten Wissens erlauben dem Affen, die Wände in einem anderen Licht zu sehen. Er beginnt, sich bewußt zu werden, daß die Welt ausschließlich in ihm liegt und daß allein seine eigene, dualistische Auffassung die Trennung zwischen »Ich« und »anderem« hervorgerufen hat. Er begreift nun, daß er selbst es war, der die Wände undurchdringlich werden ließ und daß er sich in seiner Ambition selbst gefangenhielt. Und so beginnt er auch zu verstehen, daß er, um sich aus seinem Gefängnis zu befreien, alle Fluchtversuche aufgeben und die Wände so hinnehmen muß, wie sie sind.

F: Hätte man aber nun niemals das Gefühl, kämpfen zu müssen und damit auch nie den Wunsch zu entkommen? Vielleicht fürchtet man sich sogar vor dem, was außerhalb der Wände sein könnte und benutzt sie als Schutz?

A: Wenn dir jene Wände willkommen sind, sind es ja keine Wände als solche mehr. Selbst wenn du sie gern als Schutzmauern hättest, sind sie nicht mehr da. Es ist das Paradoxe, daß die Wände immer undurchdringlicher werden, je mehr du sie haßt; sind sie dir jedoch willkommen, so verschwinden sie.

F: Ich frage mich, ob nicht Schmerz und Freude denselben Ursprung haben wie der intellektuell bedingte Unterschied zwischen gut und böse oder richtig und falsch? Ist deren Unterschied auch nur subjektiv?

A: Ich glaube, Freude und Pein kommen aus dem gleichen Bereich. Im allgemeinen betrachten die Menschen Schmerz als schlecht und Freude als gut. Man geht dabei so weit, daß man Freude als Beglückung ansieht und mit Himmelsfreuden verbindet, während Schmerz der Hölle zugeschrieben wird. Es wäre absurd zu versuchen, nur Freude zuzustreben und Schmerz abzuweisen und sich so als Ziel die »vollkommene Freude« zu setzen.

F: Sie haben zuvor festgestellt, daß wir aus unserer in der Halluzination vorgestellten Welt der Phänomene auszubrechen versuchen. Mir ist bekannt, daß die buddhistische Lehre sagt, diese Welt sei lediglich eine Manifestation der Leere; was gibt es da schon auszubrechen?

A: Es geht darum, daß jene Welt der Phänomene dem Ego durchaus wirklich und substantiell erscheint. Tatsächlich ist sie zwar nur eine Halluzination, aber dem Affen erscheint sie real. In seiner verwirrten Sicht ist sogar der *Gedanke* für ihn etwas Stoffliches. Es reicht da nicht aus zu sagen, daß diese Wahnvorstellung existenzlos ist, weil die Form Leere und die Leere Form ist. Versuch einmal, dies dem neurotischen Affen klar zu machen! Für ihn existiert die Form als feste Substanz; sie bedeutet Wirklichkeit für ihn, denn er ist davon besessen und will nichts anderes sehen. Das läßt keinen Raum für Inspiration; es kann kein Aspekt aufkommen, der ein anderes Licht auf die Situation würfe. Vom Standpunkt des Affen ist diese Verwirrung durchaus *real*. Während dich ein Alptraum quält, erlebst du ihn auch als beängstigende Realität. Erst später, wenn du darauf zurückschaust, wird dir klar, daß es nur ein Traum war; du kannst nicht zweierlei Logik gleichzeitig anwenden. Du mußt die Verwirrung als Ganzes sehen, damit du sie später durchschauen und ihre Absurdität erkennen kannst.

Die vier vortrefflichen Wahrheiten

Nachdem ich dieses vielfarbige Bild vom Affen und seinen Eigenschaften gegeben habe – wißbegierig, leidenschaftlich, aggressiv usw. –, sollten wir uns nun den Einzelheiten zuwenden, wie er mit seinem Schicksal fertig zu werden vermöchte.

Um ein völliges Bild von der Transzendierung des Ego mittels einer Meditation zu gewinnen, muß man den Vorgang rückläufig durch die Fünf Skandhas verfolgen. Die letzte Phase der Fünften Skandha zeigt, wie ein wirres, neurotisches Gedankenspiel fortwährend das Gehirn durchzieht. Eine Reihe verschiedenartiger Gedankenmuster entwickele sich während der Halluzination des Affen durch die Sechs Bereiche: dissoziative, grashüpfer-artige, film-ähnliche Gedanken und dergleichen. Bei diesem Stadium von Verwirrung müssen wir einsetzen; zur weiteren Klärung wird es beitragen, die Ideen der Vier Vortrefflichen Wahrheiten zu ergründen, die dem »Rad des Dharma« von Buddha den Anstoß zur ersten Drehung geben.

Die Vier Vortrefflichen Wahrheiten umfassen: das Leiden, die Leidensursache, das Ziel und den Pfad dahin. Wir beginnen mit der Wahrheit des Leidens, also zunächst mit des Affen Verwirrung und seinem Wahn.

Wir müssen die Wirklichkeit des *dukkha* vor Augen sehen, ein Sanskrit-Wort, das »Leiden«, »Unzufriedenheit« oder »Schmerz« bedeutet. Unzufriedenheit wird erzeugt, wenn die Gedanken ohne Anfang und ohne Ende im Sinn umherirren. Solch ein anhaltender Vorgang ist erfüllt von Bildern aus der Vergangenheit, Zukunft und auch der Gegenwart. Es ruft Irritation hervor. Diese Gedanken entspringen der Unzufriedenheit und sind auch identisch mit ihr. Es ist Dukkha mit dem ständig anhaltenden Gefühl, daß uns etwas in unserem Leben fehlt. Irgendwie ist etwas nicht richtig oder nicht genug. So mühen wir uns ständig, eine Lücke zu füllen und Dinge zu ordnen, um ein bißchen mehr Freude und Sicherheit zu finden. Zu guter Letzt sind wir bereits irritiert, wenn wir nur »wir selbst« sind.

Dukkhas Wahrheit zu verstehen, heißt, die Neurose des Geistes zu begreifen. Uns treibt eine starke Kraft bald hierhin, bald dorthin. Ob wir essen, schlafen, arbeiten, spielen, was es auch immer sein mag, das Leben enthält Dukkha: Unzufriedenheit und Pein. Wenn uns etwas erfreut, fürchten wir, es zu verlieren: wir suchen unsere Freuden zu steigern und auch an ihnen festzuhalten. Wenn wir Schmerz erleiden, versuchen wir, ihm zu entkommen. Ständige Unzufriedenheit lebt in uns und erfüllt all unser Tun.

Irgendwie gestalten wir unser Leben in einer Weise, die uns nie genügend Zeit läßt, es richtig zu schmecken. Uns treibt pausenlose Geschäftigkeit, eine ständige Suche nach dem nächsten Kontakt und ein anhaltender Drang, das Wesentliche zu finden. Das ist Dukkha, die Erste Vortreffliche Wahrheit. Das Verstehen und Innewerden unseres Leidens ist der erste Schritt.

Sobald wir uns unserer Unzufriedenheit einmal wirklich bewußt sind, versuchen wir, einen Grund dafür zu finden. Indem wir unsere Gedanken und Handlungen überprüfen, entdecken wir, daß wir anscheinend gegen etwas ankämpfen müssen und uns dabei überfordern. Es wird uns klar, daß dieser Kampf die Wurzel unseres Leidens ist. Wir suchen seinen Ursprung zu verstehen, das heißt zu erfassen, wie sich unser Ego entwickelt und wie es arbeitet. Das ist die Zweite Vortreffliche Wahrheit, die Wahrheit von des Leidens Ursache.

Wie wir in den Kapiteln über den spirituellen Materialismus besprachen, machen die Menschen den Fehler zu denken, da das Ego die Wurzel des Leidens ist, müsse es auch das Ziel des Spiritualismus sein, es zu zerstören. Sie mühen sich, die schwere Hand dieses Ego auszuschalten, aber dieser Versuch selbst ist lediglich ein anderer Ausdruck des Ego. Wir drehen uns solange im Kreise, bis uns schließlich klar wird, daß unsere Ambition bereits in sich das Problem darstellt. Solche Einsichten kommen uns nur, wenn zuweilen eine Kampfmüdigkeit eintritt und wir dann versuchen, all unser Denken auszuschalten, wenn wir damit aufhören, gute Gedanken gegen schlechte abzuwägen und uns dazu verstehen, einfach die reine Natur des Denkens gelten zu lassen.

Wir werden allmählich gewahr, daß eine gesunde, wache Qualität in uns lebt, und in der Tat tritt diese erst im Stadium der Kampflosigkeit zutage. So entdecken wir die Dritte der Vortrefflichen Wahrheiten: die Wahrheit, die darin liegt, ein Ziel ohne jegliche Ambition zu verfolgen. Wir brauchen bloß alle Bemühungen aufzugeben, uns in in eine gesicherte Position zu bringen – und der erhoffte Zustand der Erweckung ist da. Doch dann bemerken wir, daß jenes »Sich-Fallen-Lassen« nur über eine kurze Zeitspanne möglich ist. Wir bedürfen hierzu einiger Disziplin. Wir müssen den spirituellen Pfad wandeln.

Das Ego muß sich selbst verschleißen, wie ein alter Schuh, wandernd vom Leid zur Befreiung.

Und so laßt uns jetzt zum geistigen Pfad und seiner Übung der Meditation kommen, der Vierten Vortrefflichen Wahrheit. Eine Meditationsübung ist weder ein Versuch, sich in einen tranceartigen Zustand zu versetzen, noch der Fixierung auf ein bestimmtes Objekt. Sowohl in Indien wie auch in Tibet ist ein Meditationssystem entwickelt worden, das man »Konzentration« nennen könnte. Das besagt ungefähr, daß man, um sein Denken zu intensivieren, einen bestimmten Punkt ins Auge faßt. In einer derartigen Übung erwählt der Schüler einen Gegenstand zum Anschauen, denkt über ihn nach und konzentriert seine gesamte Aufmerksamkeit darauf. Indem er dies tut, erreicht er in sich bewußt eine Art ausgeglichener Ruhe. Ich nenne diese Übung »Geistige Gymnastik«, da sie nicht versucht, sich mit der Totalität einer bestimmten Lebenssituation zu befassen. Sie ist lediglich auf *dieses* oder *jenes* Subjekt oder Objekt gerichtet, nicht auf das Überwinden der dualistischen Lebenseinstellung.

Die Ausübung des Samadhi hingegen verlangt keine Konzentration, und es ist sehr wichtig, sich darüber klar zu werden. Konzentrationsübungen dienen im wesentlichen nur der Stärkung des Ego, obschon sie als solche eigentlich gar nicht gedacht sind. Immerhin haben sie ein bestimmtes Ziel und einen Gegenstand im Auge, und wir streben danach, uns »im Herzen« zu zentrieren. Wir beginnen mit der Konzentration auf eine Blume, einen Stein oder eine Flamme und fixieren das Objekt, um es so tief wie möglich »im Herzen« zu erfassen. Wir suchen von innen her seine Form, Qualität und Stille zu erfühlen. Über längere Zeit hin aber vermag eine derartige Übung sogar gefährlich zu werden. Des Meditierenden Willenskraft und Intensität könnte ihn in gewisser Hinsicht zu introvertiert, steif und feierlich werden lassen. Sie ist daher weder der Offenheit und Energie, noch dem Sinn für Humor dienlich. Sie könnte leicht dogmatisch werden, so daß wir dazu kommen, uns eine besondere Disziplin aufzuerlegen. Wir halten es dann für erforderlich, sehr ernst und verhalten zu sein und glauben, daß wir um so erfolgreicher sind, je mehr wir unser Denken unter Kontrolle halten können. Es ist dies eine reichlich dogmatische und autoritäre Haltung. Ein solcherweise auf die Zukunft gerichtetes Denken erzeugt im Ego den Wunsch: »Ich möchte gern diese und jene Resultate sehen. Ich habe eine idealistische Idee oder einen Traum und wünsche mir nun auch die Nutzanwendung davon.« Wir neigen nun einmal dazu, in der Zukunft zu leben, und unsere Ansicht vom Leben ist von der Erwartung gefärbt, unser ideales Ziel zu erreichen. Über dieser Erwartung jedoch lassen wir uns die offene Möglichkeit und den Geist der Gegenwart entgehen. So fasziniert und geblendet sind wir von unserem idealistischen Ziel.

Die wetteifernde Art unseres Ego kann man mit Leichtigkeit in der materialistischen Welt erkennen, in der wir leben. Willst du ein Millionär werden, mußt du zuerst *psychologisch* versuchen, einer zu sein. Du beginnst mit der Vorstellung von dir selbst als Millionär und arbeitest dann hart auf dieses Ziel hin. Du manövrierst dich in diese Richtung hinein, ohne Rücksicht darauf, ob du dazu fähig bist, es zu erreichen oder nicht. Das macht dich dem lebendigen Augenblick gegenüber blind, denn du lebst zu sehr in der Zukunft. Der gleiche Irrtum kann einem in der Meditationsübung unterlaufen.

So sehr echte Meditation dich auch von deinem Ego zu lösen vermag, so darf doch dein Blick nicht nur auf die in der Zukunft angestrebte Erweckung gerichtet sein. Meditation ist ganz und gar auf den gegenwärtigen Augenblick, hier und jetzt, gegründet, und so muß sie auch mit ihm arbeiten. Jegliche Meditation, die sich mit der Transzendierung des Ego befaßt, ruht nur im Bereich des Augenblicks. Aus diesem Grunde ist sie auch eine Hilfe zu effektiverem Leben. Bist du dir deiner Lebenssituation voll bewußt, kann dir nichts fehlgehen. Um solche Wachheit zu erreichen, mögen wir verschiedene Meditationsarten anwenden, aber allen ist die Befreiung vom Ego das gemeinsame Ziel. Die Übung selbst ist wie ein Spielzeug, das man einem Kinde gibt. Wird es älter, wirft es das Spielzeug fort. Bis es dahin kommt, muß man aber Geduld üben und sich versagen, davon zu träumen, wie das »geistige Erlebnis« sein könnte. Jede Meditation sollte völlig auf dein Verhältnis zur Gegenwart gegründet sein.

In keine Meditationsübung solltest du dich hineinquälen, sondern es dir einfach geschehen lassen. Nur auf diese Weise bekommst du das Gefühl von Raum und Atmosphäre, das Element der Buddha-Natur oder Ur-Intelligenz, die alle Verwirrung durchdringt. Dann beginnst du den »Pfad der Wahrheit«, die Vierte Vortreffliche Wahrheit, ganz einfach im Bewußtsein des Wandelns zu finden. Erst stehst du still, dann fühlst du, wie dein rechter Fuß sich anhebt, schwingt, berührt, niederpreßt; dann geschieht das gleiche mit dem linken Fuß. Es sind viele Einzelheiten in der Einfachheit dieses Lebensmoments umschlossen, hier, jetzt.

Das gleiche gilt für Übungen im Atmen. Du fühlst, wie der Atem in deine Nasenlöcher zieht, fühlst ihn wieder herauskommen und wie er schließlich in Atmosphäre vergeht. Ein sehr langsamer, sublimer Vorgang, der sich präzis und völlig einfach vollzieht. Klarheit und Einfachheit sind die Elemente, durch die unser tägliches Leben an Schönheit und Bedeutung gewinnt.

Wenn du eine Tasse Tee zubereitest, ist dir bewußt, daß du deinen Arm ausstreckst, mit der Hand die Teekanne berührst, sie anhebst und das Wasser eingießt. Ist die Tasse voll, so hörst du auf zu gießen und stellst die Teekanne wieder nieder, wie in einer japanischen Teezeremonie. Es wird dir dabei klar, wie jede Bewegung ihre Würde hat. Wir haben längst vergessen, daß unser Tun so einfach und präzis sein kann. Jede Handlung in unserem Leben kann von solcher würdigen Einfachheit und Schönheit sein.

Wie harmonisch kann bei schlichter und würdevoller Haltung auch der Umgang mit Menschen sein. Jede Pause im gesprochenen Satz wird zu einem »Satzzeichen«: sprich, erlaube Raum, sprich, erlaube Raum. Wir müssen unseren Gesprächspartner nicht »niederreden« und dann plötzlich schuldbewußt innehalten, um ihm die Möglichkeit zu einer Erwiderung zu geben. Du mußt den anderen nicht mit einem Wortschwall überfallen. Laß ihm Raum, lächle, sage etwas und erlaube eine Atempause, ehe du fortfährst. Stelle dir doch einmal vor, wie es wäre, wenn du ohne Interpunktion schriebst! Deine Mitteilung wäre völlig unverständlich. Füge dich immer dem natürlichen Fluß ein.

Die Gewöhnung, in jeder Situation und jedem Augenblick die immanente Präzision zu sehen, heißt *samatha* (Pali: samatha)-Meditation. Sie ist mit dem Hinayana-Pfad verbunden, dem »niederen Gefährt«, einem disziplinierten, schmalen Pfad. Samatha bedeutet »Friedfertigkeit«. Es gibt da eine Geschichte von Buddha, die erzählt, wie er eine Dorfbewohnerin gelehrt hat, mit solcher Bewußtheit Wasser aus dem Brunnen zu schöpfen. Sie lernte, der Bewegung ihrer Arme und Hände hierbei völlig gewahr zu werden. Es ist ein Versuch, das Wesen des Gegenwärtigen zu erfüllen und wird deshalb »Samatha« benannt, die Entwicklung von Frieden. Vergegenwärtigst du dir den Augenblick, bleibt kein Raum für etwas anderes als Offenheit und Friede.

F: Könnten Sie mir etwas mehr über das Entstehen der Intervalle sagen? Ich verstehe zwar, was Sie meinen, aber wie geht dies vor sich, und was kann man dazu tun – wie kann man sie »sein« lassen?

A: Diese Frage greift schon auf das nächste Thema über, die Erörterung des Bodhisattva-Pfades und des Mahayana-Pfades vom Erbarmen und von der Freiheit, dem weiten Pfad. Um jedoch die Frage aus der Hinayana-Sicht der Einfachheit zu beantworten, sollte man sich mit jeder Situation zufriedengeben, so wie sie erscheint, und nicht nach einem äußerlichen Zeitvertreib suchen. Im allgemeinen wollen wir ja nicht nur auf einen anderen Menschen einreden, sondern auch eine Entgegnung von ihm haben. Und mit diesem Wunsch, auch etwas »haben zu wollen«, kommt die Pause von ganz allein. Es bedarf dazu keiner Anstrengung.

F: Sie sagten, wir müßten uns erst für diesen Pfad vorbereiten, ehe wir ihn betreten. Könnten Sie mir das näher erklären?

A: Anfangs empfinden wir dieses Forschen im Spirituellen als magische Antwort auf all unsere Fragen. Wir müssen jedoch über solche Hoffnung und Erwartung hinauswachsen. Wir sehen im Guru den Helfer, der unsere Zweifel zerstreut und alle Probleme löst. Aber fragen wir ihn direkt, so wird er nicht immer eine fertige Antwort für uns haben. Zu manchen Fragen müssen wir die Antworten selbst finden, und das ist bisweilen außerordentlich enttäuschend.

Unsere Erwartungen sind besonders gesteigert, wenn wir nach dem spirituellen Pfad trachten und uns im geistigen Materialismus verstricken. Wir glauben, daß unser Tun uns Befriedigung bringen und zu Weisheit und Erlösung führen wird. Diese wahrhaft egozentrische Auffassung müssen wir ins genaue Gegenteil wenden. Erst wenn wir jegliche Hoffnung auf Erleuchtung aufgegeben haben, beginnt sich der Pfad vor uns zu öffnen. Es ist, als ob man jemanden erwarte. Erst wenn man die Vorstellung von seinem Kommen als reine Phantasie abgetan hat, da er ursprünglich doch wohl sowieso nicht beabsichtigte zu kommen, kurz, wenn man alle Hoffnung aufgegeben hat – dann erscheint er. Auf gleiche Weise geht es mit dem geistigen Pfad. Nichts mehr erwarten und sich dennoch gedulden – laß dich auf dieser Suche nicht vom Eifer überkommen, warte und gewähre dir Pausen. Wenn wir unseren Pfad offenen Sinnes betreten wollen, müssen wir uns ehrgeizlos des Motivs unserer Suche inne geworden sein, in dem die Begriffe »gut« und »böse« eins geworden sind.

Sobald uns der Ursprung von Dukkha klar zu werden beginnt, entwickelt sich in uns ein unstillbarer Wissensdurst, darüber hinaus zu gelangen. Treiben wir uns aber zu hart an, wird dieser geistige Pfad uns statt dessen zum Pfad der Pein, der Verwirrung und Samsara, weil wir so sehr auf unsere Rettung bedacht sind. Wir sind versessen darauf, etwas zu lernen, zu ehrgeizig, nur um Fortschritte zu machen, anstatt dieses Stadium bereits vor unserem Start absolviert zu haben und nun völlig »wir selbst« zu sein.

Wesentlich ist, daß unsere Ur-Intelligenz nun durch diese Verwirrung hindurchscheint. Denke an die Analogie mit dem Affen: Er wollte aus seinem Haus ausbrechen, und dieser Versuch absorbierte ihn vollständig. Er untersuchte Wände und Fenster, kletterte hin und her. Diese enorme Triebkraft im Affen ist Ur-Intelligenz, die nach außen drängt. Das ist nicht wie bei einem Samenkorn, das langsam reift, sondern wie Sonnenstrahlen, die durch Wolken brechen. Gewähren wir uns eine Pause, dann verstehen wir spontan und intuitiv, wie wir auf dem Pfad vorwärtskommen, das Wissen kommt ganz von selbst. Es war dies die Erfahrung Buddhas, und nachdem er zunächst viele Yogi-Schriften unter einer Anzahl von Hindu-Lehrern studiert hatte, wurde ihm klar, daß der Zustand vollkommener Erweckung durch keine Technik zu erlangen sei. So hörte er mit all dem auf und entschied, nunmehr an sich selbst zu arbeiten. So, wie er schon war. Es ist der Ur-Instinkt, der sich hier seinen Weg bahnte. Dies zu bedenken ist sehr wichtig, denn darin liegt die Bestätigung, daß wir Menschen nicht verworfen sind und nicht von Grund auf schlecht oder fehlerhaft.

F: Wie fängt man es im praktischen Leben an, einfach zu sein und zu Raumbewußtsein zu kommen?

A: Nun sieh, um des offenen Raumes inne zu werden, muß man erst einmal die Festigkeit der Erde, der Form, erfahren haben. Solange wir Raum nicht als etwas Seltsames romantisieren, sondern ihn in Verbindung mit der Erde sehen, vermeiden wir jene Fallstricke. Raum kann ohne die begrenzenden Umrisse der Erde nicht »erfahren« werden. Wenn wir auf einem Bild Weite und offenen Raum darstellen wollen, müssen wir den Erdhorizont hinzuziehen. Und so ist es auch nötig, daß wir selbst dazu in die Probleme des täglichen Lebens, sozusagen in die Waschbütte, eintauchen. Darum ist unser alltägliches Tun mit seinem steten Gleichmaß so von Bedeutung. Wenn du aus dem offenen Raum selbst zur Tagesroutine und zu den vertrauten Dingen zurückgefunden hast, dann betrachte diese, nimm ihre feste Form innerlich auf, und es wird dir möglich sein, auch in ihnen den offenen Raum zu finden.

F: Wie meistert man die Ungeduld, die die Wartezeit mit sich bringt?

A: Ungeduld zeigt, daß du den Vorgang noch nicht voll verstehst. Siehst du jedoch in jeder Handlung den vollkommenen Vollzug, dann wirst du nicht mehr ungeduldig sein.

F: Mir kommen sowohl ruhige wie auch neurotische Gedanken; sollte ich die ruhigen zu fördern suchen?

A: In der Meditation sind alle Gedanken gleich: heilige, schöne, religiöse, ruhige – alle sind nichts als einfach Gedanken. Versuch daher nicht, jene ruhigen Gedanken den neurotischen gegenüber hervorzuheben. Interessant ist, wenn wir davon sprechen, den Pfad des Dharma zu betreten – der Vierten Vortrefflichen Wahrheit –, daß es da nicht heißt, wir sollten religiös, ruhig und gut werden. Der Versuch, ruhig und gut zu sein, ist ebenfalls mit dem »Weiterkommen« und damit der Neurotik verknüpft. Aufs Religiöse gerichtete Gedanken beaufsichtigen, urteilen und sind wirr, weltliche Gedanken sind die tätigen und handelnden. Während der Meditation beispielsweise können dir alltägliche, haushälterische Gedanken kommen, jedoch ist sogleich ein Aufseher da, der dir sagt: »Du sollst dies nicht denken, sondern zur Meditation zurückkommen.« Solche frommen Gedanken bleiben lediglich Gedanken und sollten nicht gefördert werden.

F: Ich wüßte gern mehr über Gespräche und Gesprächspausen im Umgang mit anderen und wie sich dies zum Ego verhält.

A: Wenn wir mit einem anderen sprechen, treibt uns gewöhnlich eine Art neurotischer Hast. Wir müssen diese durch Ungezwungenheit zu überkommen suchen, um den anderen nicht zu bedrängen und einzuengen. Meist überrennen wir unseren Gesprächspartner geradezu, wenn wir von etwas sprechen, das uns sehr am Herzen liegt.

F: Viele Menschen sind sich wohl der Wirklichkeit des Leidens bewußt, versuchen aber nicht, seinem Ursprung nachzugehen. Wie kommt das?

A: Ich glaube, es ist lediglich eine Art geistiger Verwirrung. Wir wollen flüchten und lieber einem Schmerz davonlaufen, als in ihm eine Quelle der Einsicht finden. Wir fühlen, Leiden ist in sich selbst schlimm genug, wozu also noch weiterforschen? Manchen Menschen, die viel leiden müssen und wissen, daß es da kein Entkommen gibt, kommt diese Einsicht allmählich. Die meisten aber sind nur erpicht darauf, jede Irritation loszuwerden und sich anderweitig abzulenken, statt auf sich selbst einzugehen. Es ist ihre Angst vor der Wahrheit: Wenn ich näher hinschaue, finde ich etwas Erschreckendes! Um jedoch zu völliger Einsicht zu gelangen, mußt du ein sehr offener, kluger und forschender Mensch sein. Du mußt alles zu ergründen suchen, selbst wenn es häßlich, schmerzhaft oder widerlich sein mag. Diese wissenschaftliche Einstellung ist sehr wichtig.

F: Wo liegt im Zustand der Erweckung die Antriebskraft?

A: Sie erhebt sich jenseits menschlichen Denkens und über alle begrifflichen Ideen hinaus wie gut und böse, wünschenswert oder nicht. Sie entspringt der Ur-Intelligenz, die unsere Grundnatur ist, dem zutiefst intuitiven Gefühl von Raum und seiner schöpferischen Offenheit. Sie ist rein intuitiv!

F: Kann man seinen Geist durch Kontrolle vom Physischen her meistern?

A: Was auch immer du in irgendeiner Situation im Leben tun magst, beruht auf einer Verbindung zwischen Geist und Materie. Aber du kannst dich nicht auf die physische Funktion allein verlassen, denn geistige Fragen und Probleme lassen sich nicht von außen her lösen. Viele Menschen versuchen heutzutage gerade dies. Sie kleiden sich in Gewänder, wenden sich ab von der Welt und entsagen allem profanen Tun im Leben. Aber eines Tages wird ihnen die Rechnung präsentiert, und sie müssen sich der Wirklichkeit stellen. Im Gehirn entsteht Verwirrung, und dort muß man sie suchen, man kann sie nicht durch Manipulation der physischen Welt umgehen.

Im Lebenstanz ist es nun einmal so, daß Materie Gedanken reflektiert und Gedanken reagieren auf die Materie. Es besteht eine ständige Wechselwirkung. Hält man einen harten Stein in der Hand, muß man auch dessen Erdeigenschaft spüren. Man muß lernen, mit jener steinhaften Eigenschaft in Einklang zu kommen. Hält man eine Blume in der Hand, gelingt es leichter, sich ihrer besonderen Form und Farbe zu erfreuen. Wir können den Symbolismus der äußeren Welt nicht völlig ignorieren.

Wenn wir mit der Untersuchung unserer eigenen Neurosen beginnen, müssen wir sie frontal anpacken und dürfen nicht versuchen, die Probleme spielend zu umgehen. Ist ein Mensch zum Beispiel unausgeglichen und sehr verwirrt, so wie der Affe, den wir zitiert haben, dann könnten wir ihm in einer meditierenden Pose Buddhas Gewand anziehen, und es würde an seiner Unausgeglichenheit und dem konfusen Zirkel seiner Gedanken nicht das geringste ändern. Später jedoch, wenn er gelernt hat, sich in Ruhe niederzulassen und ein einfacher Affe zu sein, könnte eine besinnliche Stunde in stiller Zurückgezogenheit ihm doch von einigem Nutzen sein.

F: Wenn ich in mir selbst das Häßliche sehe, weiß ich nicht, wie ich mich dazu verhalten soll. Versuche ich es zu meiden oder zum Besseren zu wenden, statt es einfach hinzunehmen?

A: Nun, du brauchst nichts vor dir zu verbergen oder zu ändern. Gehe ihm auf den Grund. Erkennst du deine Häßlichkeit, bist du schon ein Stück weiter. Du wirst gewahr, daß deine Vorstellung immer noch mit »gut« oder »schlecht« verknüpft ist. Aber diese Worte müssen über alle begriffliche Definition hinaus transzendiert werden. Suche tiefer und tiefer, bis du dich selbst im Wesen erfaßt. Ein kurzes Aufblitzen genügt nicht. Du mußt die Einzelheiten wahrnehmen, ohne zu urteilen, ohne Worte und Vorstellungen. Völlige Offenheit zu sich selbst heißt sich der Welt öffnen.

Der Bodhisattva-Pfad

Wir haben die Hinayana-Meditationsübung von Einfachheit und Klarheit erörtert. Indem wir uns nun eine schöpferische Pause gönnen, in der die Dinge erscheinen, wie sie sind, beginnen wir, die klare Einfachheit unseres Lebens zu erkennen. Das ist der Auftakt zur Meditation. Wir durchdringen die Fünfte Skandha, die Phase des hastigen und ungeordneten Denkens, die Wolke von Nichtigkeit, die unser Hirn anfüllt. Unser nächster Schritt widmet sich den Gefühlen.

Die Beziehung abschweifender Gedanken zu den Gefühlen könnte man mit der Blutzirkulation vergleichen, die pausenlos unsere Muskeln speist. Gedanken tragen und verbinden unsere Gefühle, so daß wir in unserem täglichen Leben einem stetigen mentalen Strom von Belanglosigkeiten ausgesetzt sind. Gedanken und Gefühle drücken unsere Einstellung zur Umwelt aus und bilden einen Phantasiebereich, in dem wir leben. Es ist die Welt der Sechs Bereiche, und obschon der einzelne einem bestimmten Bereich zugehörig sein mag, wird er doch mit den anderen auch gefühlsmäßig verbunden sein.

Um sich über diese Situation klar zu werden, muß man zunächst lernen, sie von einer höheren Warte aus zu sehen: das bedeutet *vipashyana* (Pali: *vipassana*-)-Meditation. Hierbei müssen wir einer jeden Situation nicht nur in ihren Einzelheiten, sondern auch als Ganzes gewahr werden. Vipashyana bedeutet Erkenntnis des Raumes, der Atmosphäre, in der Exaktheit herrscht. Betrachten wir eine Situation in ihren genauen Einzelheiten, gewinnen wir auch ein Bewußtsein dieser Atmosphäre, und was wir im Kleinen erfahren, hat seine Analogie im Größeren. Hieraus entwickelt sich das Panorama-Bewußtsein, die *mahavipashyana* (Pali: *mahavipassana*) Meditation: das Wissen um das Gesamtbild und nicht nur die Einzelheiten. Wir begreifen die Vorgänge in unserer Phantasie, statt uns darin zu verlieren, und erlangen Freiheit des Handelns in der Erkenntnis, daß die Wand, die uns vom Gelingen trennt, von uns selbst geschaffen wurde. Diese Einsicht in die substanzlose Natur des Ego ist Prajna, das transzendente Wissen. Wenn wir beginnen, Prajna zu erreichen, werden wir ruhig, und es wird uns klar, daß wir nicht länger auf die Existenz unseres Ego angewiesen sind. Wir können es uns leisten, offen und großzügig zu sein. Dieser neue Ausblick auf die Verwirklichung unserer Vorhaben beglückt uns. Es ist die erste spirituelle Stufe auf dem Weg zum Bodhisattva, die erste *bhumi*. Wir befinden uns nun auf dem Bodhisattva-Pfad, dem Mahayana-Pfad, dem Weg von Wärme und Offenheit.

In der Mahavipashyana-Meditation liegt ein unendlich weiter Raum zwischen uns und den Objekten. Wir sind uns dessen bewußt. In diesem Raum kann alles geschehen, doch geschieht nichts »hier« oder »dort«, also in irgendeinem Beziehungsverhältnis. Mit anderen Worten: Wir beeinflussen nichts mit vorgefaßten Ideen, Namen, Einteilungen oder unseren Erfahrungen, sondern fühlen nur Offenheit des Raumes in jeder Situation. Auf diese Weise wird unser Wahrnehmungsvermögen all-umfassend und sehr exakt.

Mahavipashyana-Meditation bedeutet, die Dinge gelten zu lassen, wie sie sind. Hierzu bedarf es unsererseits keinerlei Anstrengung, soviel wird uns klar, denn die Dinge sind, wie sie *sind*. Wir brauchen sie nicht in einer besonderen Weise anzuschauen, sie *sind* einfach so. Und nun beginnen wir, uns der Offenheit des Raumes zu erfreuen, weil es uns Bewegungsfreiheit läßt und wir uns nicht mehr mühsam dessen bewußt zu werden brauchen; wir haben dieses Bewußtsein. So ist der Mahayana-Pfad der offene, breite Pfad. Voraussetzung für ihn sind Offenheits-Bereitschaft und völlige Wachheit, so daß der Instinkt frei zu walten vermag.

Die Mahayana-Schriften sprechen von denen, die reif zu einem völligen Öffnen sind, von denen, die dieses Stadium nahezu erreicht haben, und denen, die fähig sind, sich zu öffnen. Jene, die eine Anlage hierzu haben, sind intellektuelle, an Meditation interessierte Menschen, die aber ihrem Instinkt nicht genug Raum zu freiem Spiel lassen. Diejenigen, die beinahe fertig sind, sind durchaus bereit, aber sie beobachten sich selbst mehr als nötig. Diejenigen, die zum Öffnen völlig gereift sind, haben das geheime Wort gehört: *tathagata*. Jemand hat es bereits getan, hat den offenen Pfad betreten – es ist möglich. Darum ignoriere das Wie, Wann und Warum – öffne dich einfach. Es ist ein wundersames Erlebnis und geschah schon manchem. Warum nicht auch dir?

Der Bodhisattva-Pfad ist für jene Mutigen und Überzeugten, die von der kraftvollen Tathagata-Natur in sich wissen. Sie sind die tapferen Kämpfer auf diesem Pfad, die sich ihm mit ihrem ganzen Sein verschrieben haben und der Buddha-Natur vollends vertrauen. Das Wort »Bodhisattva« bedeutet: »Derjenige, der tapfer genug ist, den Pfad Bodhis zu wandeln.« »Bodhi« selbst heißt »erweckt«, »der erweckte Zustand«. Damit ist nicht gesagt, daß, wer immer diesen Pfad wählt, bereits völlig erweckt sein muß. Er muß vorerst nur willig sein, ihn zu wandeln.

Dieser Pfad kennt sechs transzendente Elemente, die spontan aus sich wirken. Es sind: transzendente Großmut, Disziplin, Geduld, Energie, Meditation und Wissen. Diese Tugenden heißen die »Sechs *paramitas*«, denn »param« bedeutet »die andere Seite« oder »Küste« oder »andere Fluß-Seite«, »ita« heißt »angekommen«. Daher »Paramita«: »die andere Seite des Flusses erreichen«, was darauf hinweist, daß alle Bodhisattva-Handlungen der Vision und des Verstehens bedürfen, die zentralen Vorstellungen des Ego zu transzendieren. Der Bodhisattva versucht nicht, gut zu sein, ist aber spontan voller Mitempfinden.

Großmut

Transzendente Großmut wird beim Studium der buddhistischen Schriften als Begriff häufig mißverstanden. Man verwechselt sie mit Güte gegenüber jemandem, der unter einem steht. Du bist in einer gehobenen Position und kannst den armen Leidenden helfen. Das ist eine sehr primitive Art, auf jemanden hinabzuschauen. Im Falle des Bodhisattva ist Großmut nicht kalt, sondern im Gegenteil ein echtes Mitfühlen.

Verbundenheit muß das gestörte Empfinden transzendieren, sonst wäre es, als versuchte man, sich ein bequemes Lager in einem Dornenbusch zu bereiten. Die äußeren Qualitäten von Farbe, Energie und Licht würden unsere Suche nach Verbundenheit durchdringen wie Dornen unsere Haut. Wir würden dann wünschen, die intensive Störung zu mildern und unsere Verbundenheit damit selbst verhindern. Verbundensein muß Ausstrahlung sein, ein Akt des Gebens und Nehmens.

Erst in der Transzendierung von Irritationen und dem Wunsch nach Selbstschutz erlangt der Bodhisattva völlige Verbundenheit in Großmut. Andernfalls, wenn wir uns von den Dornen bedroht fühlen, würden wir uns zur Wehr setzen und damit die große Chance vertun, zur »anderen Seite des Flusses« hinüberzuschauen, weil wir nicht mutig genug sind. Statt dessen schauen wir zurück und versuchen davonzulaufen.

Großmut ist der Wille zum Geben, ohne sich dabei philosophische oder fromme Motive zuzuschreiben. Es bedeutet, einfach das zu tun, was der Augenblick erfordert, ohne zu fragen, was man dafür erhält. Das kann irgendwo auf der Straße geschehen, im Nebel oder im Sandsturm. Wir scheuen vor nichts zurück.

Es bedeutet auch, daß wir vorbehaltlos handeln, denn sich die Frage zu stellen, bis zu welchem Grade ein Öffnen angebracht sei, würde die Idee der Paramita von transzendentalem Großmut völlig entwerten.

Der tiefe Sinn der Idee von Transzendenz liegt darin, daß wir den ganzen Komplex begrenzter Begriffe und Ideen und den Dualismus von »diesem« und »jenem« durchschauen. Im allgemeinen betrachten wir einen Gegenstand niemals korrekt. Wir sehen ihn im Licht unserer Vorstellungen, anstatt ihn als solchen zu sehen. Wir sind dann damit zufrieden, unsere subjektive Vorstellung von seiner Dinglichkeit zu haben und sprechen darüber, beurteilen sie günstig oder ungünstig – aber eine echte Kommunikation findet nicht statt.

Im transzendenten Großmut hingegen gibt man alles, was man hat. Es ist eine Handlung ohne jeden Hintergedanken, und es steht nicht bei einem selbst zu beurteilen, ob der Empfangende dessen würdig ist oder nicht. Dies ist des Bodhisattvas selbstloses Handeln. Er überlegt nicht: »Mache ich hier einen Fehler?« »Bin ich vorsichtig genug?« »Wem sollte ich mich öffnen?« Er ergreift auch nicht Partei. Der Bodhisattva verhält sich, bildlich gesprochen, wie ein Toter. Mögen die Menschen ihn anschauen und studieren – er läßt es geschehen. Solch eine absolut reine Handlungsweise enthält keine Heuchelei, kein philosophisches oder religiöses Urteil. Sie ist transzendental, eine Paramita.

Disziplin

Untersuchen wir nun weiterhin die Paramita von »Moral« oder »Disziplin«, die *shila*-Paramita, so finden wir, daß hierfür die gleichen Prinzipien gelten. Shila bzw. Disziplin bedeutet nicht, sich an ein gesetzmäßig geregeltes Verhalten zu binden. Denn wenn der Bodhisattva selbstlos ist und in absoluter Offenheit handelt, können keine Regeln dafür bestehen. Was geschieht, ergibt sich von selbst. Es wäre für einen Bodhisattva unmöglich, anderen Menschen Schaden oder Leid anzutun, denn er verkörpert transzendente Großmut. Vom Standpunkt eines Außenstehenden her scheint er stets korrekt zu handeln und das Rechte zur richtigen Zeit zu tun. Ihn nachzuahmen wäre jedoch unmöglich, da sein Verstand so exakt arbeitet, daß er nie einen Fehler macht, nie in unerwartete Probleme gerät und niemals Unheil anrichtet. Er identifiziert sich mit dem Geschehen. Selbst wenn das Leben chaotisch scheint, fügt er sich darein, nimmt Teil am Chaos, und irgendwie klären sich die Dinge ganz von selbst. Er kann, bildlich gesprochen, Flüsse durchqueren, ohne von der Strömung fortgerissen zu werden.

Wenn wir vorbehaltlos aufgeschlossen sind, nehmen wir alle Situationen, wie sie sind, und jede Handlung wird klar und überlegen. Bemühen wir uns hingegen um korrektes Verhalten, dann wird unser Handeln plump. So rein sein Motiv auch sein mag, es wird ungeschickt und steif wirken. Dem Bodhisattva erscheint alles fließend und ohne jegliche Starre. Alles fällt in seinen zugehörigen Platz, so, als habe es jemand in Jahren mühsam genau ausgetüftelt. Der Bodhisattva handelt nicht mit Vorbedacht; er teilt sich nur mit, öffnet sich in Großmut und paßt sich dem Geschehen an. Ein häufig gebrauchtes Gleichnis besagt, daß das Gebaren des Bodhisattva wie der Gang eines Elefanten sei. Diese Tiere eilen nicht, sondern wandern ruhig und sicher Schritt um Schritt durch den Urwald. Sie pflügen geradezu hindurch, sie fallen nie, irren sie nicht, und jeder ihrer Schritte ist fest und entschieden.

Geduld

Der nächste Schritt auf dem Bodhisattva-Pfad gilt der Geduld. Man kann im Grunde die sechs Paramitas nicht streng gegeneinander abgrenzen. Eine leitet in die andere über und vervollkommnet sie. Die Paramita der Geduld bezweckt nicht, Selbstkontrolle zu erlernen, auch nicht, ein hart Schaffender zu werden, der körperlicher und geistiger Strapazen nicht achtet und unbeirrt weiterschuftet, bis er tot umfällt. Geduld erfordert ihre besonderen Fähigkeiten, genau wie Disziplin und Großmut.

Transzendentale Geduld verlangt nie etwas, sie erwartet nichts und kennt somit auch keine Ungeduld. In unserem Leben erwarten wir jedoch eine Menge. Die Kraft, mit der wir uns hindurcharbeiten, beruht im wesentlichen auf dem Impuls. Finden wir etwas Reizvolles und Schönes, mühen wir uns, es zu erlangen. Früher oder später jedoch werden wir zurückgestoßen; und je mehr wir dagegen angehen, um so härter wird der Rückschlag, denn unser Impuls ist ein starker Trieb ohne Weisheit. Handlungen, die aus dem Impuls kommen, sind einer Person vergleichbar, die, ohne zu sehen, ein Ziel erreichen will. Die Handlungen eines Bodhisattva rufen jedoch nie eine Gegenreaktion hervor. Der Bodhisattva vermag jede Situation zu meistern, denn ihn treiben weder Wunsch noch Lockung. Die Dynamik transzendenter Geduld entspringt keinem Impuls oder ähnlichem. Sie wirkt langsam, sicher und stetig, wie der Gang des Elefanten.

Was immer kommen mag – sei es zerstörend, chaotisch, aufbauend, einladend –, der Bodhisattva ist niemals beunruhigt oder schockiert, denn er bleibt sich der Distanz zwischen ihm selbst und der Situation immer bewußt. Ist man dessen einmal gewiß, dann mag geschehen, was will; es kann nur in jenem Raum geschehen. Nichts findet »hier« oder »dort« statt, und es gibt weder Beziehung noch Gegensatz. Daher bedeutet transzendentale Geduld, daß wir gewissermaßen fließend in unserer Umwelt leben und rundum keinerlei Widerstand finden.

Energie

Und nun kommen wir zum nächsten Stadium, der Paramita von Energie, *virya,* einer Art von Triebkraft, die uns spontan mitten in die Situation hineinstellt, so daß wir niemals eine Chance oder Gelegenheit verpassen. Mit anderen Worten: sie ist reine, tatenfrohe Freude, die an einem sprießenden Lebensmuster wirkt, wie es Shantideva in seiner *Bodhisattva-charyavatara* benennt. So kommen wir nun zu einem neuen Stadium: der Freude. Nichts erscheint uns unwesentlich oder trägflüssig, denn des Bodhisattvas Ansicht vom Leben ist vorbehaltlos offen, er ist immer intensiv interessiert. Er ist auch nicht von einem »höheren Bewußtsein« absorbiert, wie etwa im höchsten Stadium von Samadhi, ohne Tag von Nacht unterscheiden zu können. Er nimmt die Wirklichkeit hinter den Dingen und ihrem täuschenden Begriffsbild wahr; sieht all die kleinen Differenzierungen, die wir machen, jedoch aus einer Panorama-Sicht, und daher mit gesteigertem Interesse am Leben, so wie es wirklich ist. Der Mensch sucht nicht mehr – er lebt.

Beim Betreten des Bodhisattva-Pfades gelobt er, nicht nach Erleuchtung zu trachten, ehe er nicht auch seinen Mitmenschen zur Erweckung oder »Buddhaschaft« verholfen hat. Diese Erkenntnis, mit der wir es aufgeben, Buddha gleich zu werden, wird uns zu enormem Ansporn dienen, denn jetzt erst, nachdem wir alle neurotische Hast hinter uns gelassen haben, finden wir Zeit dazu, richtig zu leben.

Obschon der Bodhisattva es abgeschworen hat, Erleuchtung anzustreben, läßt er sich doch keine Muße. Er lebt sein Leben voll und intensiv, und ehe es ihm selbst klar wird, hat er die Erleuchtung dennoch erlangt. Seltsamerweise aber widerstrebt er diesem Zustand nach wie vor, und das Gefühl bleibt auch, wenn er die Buddhaschaft wirklich erreicht hat. Doch dann kommen Mitgefühl und Weisheit voll zu ihrem Recht und verstärken seine Überzeugung und Kraft. Wenn wir einer Situation nie müde werden, wird unsere aufgewandte Kraft zur reinen Freude. Wenn wir dem Leben wach und offen entgegengehen, enthält es keine Langeweile. Das ist *virya.*

Meditation

Als nächstes gelangen wir nur zur Paramita der Meditation oder *dhyana*. Von ihr gibt es zwei Arten. Die erste ist die des Bodhisattva, bei der man kraft seines Mitfühlens eine panoramaartige Lebenssicht erwirkt. Dhyana bedeutet wörtlich »Bewußtheit«. Es ist ein Zustand des »Wachseins«. Aber das ist noch nicht Meditation im formalen Sinne. Der Bodhisattva sucht niemals nach einem Trance-Zustand. Er bleibt in jeder Lebenssituation wach und ist sich des Meditations-Vorganges – einem anhaltenden Gefühl des »Wachseins« – bewußt.

Die zweite Art von Dhyana ist eine Konzentrationsübung im göttlichen Bereich. Im Unterschied zur Meditation des Bodhisattva richtet sie sich nicht wie jene auf etwas Bestimmtes, sie beschäftigt sich mit konkreten Lebenssituationen. Aber sie setzt sich kein zentrales Motiv und beobachtet sich nicht selbst, so daß ihre Handlung Meditation und ihre Meditation Handlung ist.

Wissen

Und nun sind wir bei *prajna*, dem Wissen, angelangt. Prajna wird traditionsgemäß durch ein scharfes, zweischneidiges Schwert symbolisiert, das alle Irrtümer und jede Verwirrung durchschneidet. Selbst wenn der Bodhisattva die anderen fünf Paramitas meisterte und ihm fehlte diese eine, sind die anderen Handlungen unvollkommen. In den *sutras* heißt es, daß die fünf Paramitas gleich fünf Flüssen sind, die in den Ozean von Prajna einmünden. Weiter heißt es, daß auch der *chakravartin*, oder universelle Herrscher, an der Spitze von vier verschiedenen Armeen in den Krieg zieht. Ohne ihn, der sie leitet, sind diese Truppen führerlos. Der Bodhisattva mag all seine Handlungen methodisch vollziehen, aber ohne Wissen, ohne jenes Schwert, das durch Zaudern und Zweifel schneidet, werden seine Handlungen nicht transzendent. So steht Prajna, das Ur-Wissen, das all-sehende Auge, im Gegensatz zu dem selbst-beobachtenden und spähenden Blick des Ego.

Der Bodhisattva führt den Beobachter oder das Ego zu höherem Wissen, der Prajna-Paramita. »Pra« heißt »über«, »jna« heißt »wissen«: also ein Überwissen, eine Allwissenheit, die alles erfaßt. Das Bewußtsein, fixiert auf »dieses« und »jenes«, ist durchschnitten, und daraus resultiert ein zwiefaches Wissen: die Prajna des Wissens und die Prajna des Sehens.

Die Prajna des Wissens befaßt sich mit Emotionen. Sie meint ein

Durchschneiden der in uns widerstreitenden Gefühle, also einer Haltung, die man sich selbst gegenüber einnimmt. Die Prajna des Sehens ist die Transzendierung unserer primitiven Weltvorstellung, die uns befähigt, die Dinge zu sehen, wie sie wirklich sind und daher ermöglicht, eine jede Situation auszubalancieren. Prajna ist ein Schwert mit zweischneidiger Klinge. Es schneidet nicht nur in einer, sondern in jeder Richtung. Es bedarf keines zögernden Abwägens, und so greifen alle sechs Paramitas ineinander.

F: Würden Sie in der Meditation einfach ein geistiges Verhalten sehen, das sich achtsam auf das richtet, was man tut?

A: Dhyana, die fünfte Paramita, hat dies zum Ziel, jedoch kann keine Paramita unabhängig und ohne das transzendierende Wissen – Prajna – existieren. Durch Prajna erst wirst du in der Meditation einer gegebenen Situation völlig gewahr, und so bleibst du jedes Augenblicks, jedes Schrittes und jeder deiner Bewegungen bewußt. Meditation also bedeutet nicht, auf einem bestimmten Punkt zu verharren, sondern eine Situation in ihrer Gesamtheit in all ihren Einzelheiten zu erfassen.

Prajna entwickelt sich ähnlich, wie Kinder das Laufen lernen. Erst lernt dein Bewußtsein nur *eine* Sache zu erfassen: nach und nach aber erweitert sich dies zu einer Vielzahl, und nachdem du richtig laufen gelernt hast, vermag dein Bewußtsein, jede Situation im Ganzen zu erfassen.

F: Wenn eine Streitigkeit es einem erschwert, mit einem anderen Menschen Kontakt zu finden, wie verhält man sich dann?

A: Nun, wenn der Wunsch nach einer solchen Verbindung, die Großmut ausdrückt, bei dir intensiv ist, mußt du Prajna anwenden um zu erfassen, was dem im Wege steht. Vielleicht bist du zu einseitig und unwillig, auch andere Gesichtspunkte gelten zu lassen. Oder deine Annäherung ist für den anderen zu intensiv oder stürmisch und bedrängt ihn so, daß sie ihm keinen Raum zur Erwiderung läßt. Du tust all dies zwar im guten Glauben, aber wir müssen behutsam sein, indem wir die ganze Situation ins Auge fassen und uns nicht nur dem anderen aufdrängen. Den Standpunkt des anderen muß man immer im Auge behalten und ihm Spielraum lassen. Dem Drang, einen anderen zu unserer Auffassung zu bekehren, ist schwer zu widerstehen; wir haben das oft an uns erfahren. Das einzige, was dagegen hilft, ist Raum und Offenheit zu wahren.

F: Was hilft uns dazu, Verlangen aufzugeben?

A: Nur die Entdeckung der Wahrheit, dieser unumstößlichen Tatsache, daß du kein Bodhisattva werden kannst, ehe du nicht den Wunsch, einer zu werden, aufgegeben hast. Es ist keine Frage des Versteckspielens mit dir selbst: Du mußt dich einfach ausliefern und hingeben. Wenn dir erst einmal eine Ahnung kommt, was dieses Hingeben bedeutet, hast du auch schon eine Inspiration, die darüber hinausgeht. Hast du erst einen Hauch kommender Erweckung verspürt, kann dich nichts mehr davon abbringen, auf diesem Pfad weiterzuschreiten. Und es wird dir klar, daß du, um weitergehen zu können, jegliche damit verbundene Absicht aufgeben mußt. Der Bodhisattva-Pfad ist in zehn Etappen und in fünf Wege eingeteilt. Am Ende des letzten Weges und der zehnten Etappe überkommt dich plötzlich ein Geburtsschauer erster Erleuchtung, aber im Begriff, dich dem hinzugeben, hält dich auf einmal etwas zurück. Du wirst dir bewußt: Was dich abhält, ist, daß du es nicht versuchen darfst. Das ist Vajra-ähnliches Samadhi, der Tod jeden Wunsches.

F: Normalerweise scheint mir Mangel an Teilnahme mit einer gewissen Stumpfheit verbunden. Wenn man sich nun als Bodhisattva um gar nichts mehr sorgt, wird man dann nicht zu einem reinen Gewächs reduziert?

A: Sich um etwas nicht sorgen, ist nicht gleichbedeutend mit »versteinern«; es ist immer noch genug Energie vorhanden.

Energie manifestiert sich nicht nur in Gefühlen. Es gibt mancherlei Arten, die nichts mit Liebe oder Haß zu tun haben. Zum Beispiel Energien der Denkfähigkeit, die ständig in uns umgehen und denen wir nicht den rechten Spielraum lassen. Wir betrachten Energie meist nur als eine zerstörende oder besitzergreifende Idee; sie ist jedoch mehr als das. Wenn du in unmittelbarem Kontakt mit der Wirklichkeit stehst, gibt es keinen Augenblick von Langeweile. Ein steter Energiefluß transzendiert alles Unwissen und jede engstirnige Einsicht.

F: Aber wie und wohin soll man Energien dirigieren?

A: Wenn du eine Situation siehst, wie sie *wirklich* ist, weißt du auch, wie und wo deine Energie anzusetzen ist. Zuvor pflegtest du diesen Dingen immer deinen eigenen Begriff von Lebensrealität aufzuzwingen; nachdem aber nun dieser Schleier entfernt ist, gewinnst du mit deiner Umwelt die echte Verbindung. Es wird ein permanenter Austausch, ein Tanz. Ähnlich dem Sonnenschein und dem Wachstum der Pflanzen. Die Sonne hat nicht den Wunsch, eine Pflanzenwelt zu erschaffen; Pflanzen reagieren einfach aufs Sonnenlicht, und die Sache entwickelt sich natürlich.

F: Spontan?
A: Ja, spontan. Darum trifft der Vergleich mit den wachsenden Pflanzen zu. All deine Handlungen werden so instinktsicher, weil sie spontan sind.

F: Gibt es Situationen, die eine aggressive Einstellung verlangen?
A: Meines Erachtens nicht. Solche Handlungsweise schließt immer Selbstschutz mit ein.

F: Ich denke gerade an das Gleichnis von Christus, wie er die Geldverleiher aus dem Tempel jagte.
A: Ich würde dies kein aggressives Verhalten nennen; es war eine aufrechte Handlung aus dem Empfinden für die Situation, ohne daß er sich selbst in einer Heldenrolle sehen wollte. Das ist es, was nottut.

F: Wie vollzieht sich in uns der Wechsel von einer ruhigen, gleichmäßigen Geisteshaltung zu einer aktiveren und entschiedeneren?
A: Ich glaube, dies muß man unter einem ganz anderen Gesichtswinkel sehen. Tatsächlich verläuft in unserem täglichen Leben nichts so präzis und genau, wie wir gemeinhin annehmen. Meist ist es ein ziemliches Durcheinander, da wir stets mehrere Dinge gleichzeitig tun wollen. Während wir mit einer Sache beschäftigt sind, rast unser Gehirn zu hundert anderen Dingen, die noch reichlich unklar sind. Unser Alltagsleben muß daher völlig anders geordnet werden. Wir sollten intuitive Einsicht walten lassen, die uns anfangs zwar nur einen vagen Blick in die Dunkelheit unserer Verwirrung erlaubt, aber mit wachsendem Verstehen den Schleier verschwinden läßt.

F: Bedingt das absolute Sehen der Dinge nicht ein Verstehen des sehenden Subjekts wie des beobachteten Objekts?
A: Ja, das ist ein interessanter Punkt. Irgendwie mußt du im Niemandsland weilen, um Dinge so sehen zu können, wie sie sind. Das erfordert einen Sprung, aber man kann diesen Sprung nur machen, wenn man von nirgendwo abspringt. Denn wenn du von einem bestimmten Punkt abspringst, siehst und mißt du die Entfernung. Darum kannst du Dinge als Ganzes nur im Niemandsland sehen;

man kann ja auch seine eigene Zunge nicht schmecken – denk einmal darüber nach.

F: Sie verlegen alle Erkenntnis von den Dingen ins Niemandsland. Andererseits sprechen buddhistische Schriften aber vom Überqueren des Flusses. Wie verhält sich das zueinander?

A: Die Idee des Absprungs von nirgendwoher scheint eine Art Paradoxon. Es stimmt, daß die buddhistischen Schriften vom Überqueren des Flusses sprechen. Aber du kommst erst dann auf der anderen Seite an, wenn du weißt, daß es keine andere Seite gibt. Mit anderen Worten: du machst eine Reise ins »gelobte Land«, zu anderen Ufern, bist aber erst dann angekommen, wenn dir klar ist, daß du immer schon dort gewesen bist. Das klingt freilich durchaus paradox.

Shunyata

Beim Durchschneiden unserer begrifflichen Vorstellung von der Welt mit dem Schwert der Prajna entdecken wir Shunyata – das Nichts, die Leere, das Nichtvorhandensein, jedes Fehlen von Dualität und einer Begriffswelt. Man findet Buddhas bekannte Lehren darüber in der *Prajnaparamita-hridaya,* auch *Herz-Sutra* genannt; es ist jedoch interessant, daß in diesem Sutra Buddha kaum ein Wort spricht. Zum Abschluß sagt er lediglich: »gut gesagt, gut gesagt«, und lächelt. Er schuf damit eine Situation, der zufolge die Shunyata-Lehren eher von anderen ausgelegt werden sollten, nicht von ihm selbst. Er zwang niemandem seine Methodik auf, sondern ließ die Deutungsmöglichkeiten offen, so daß seine inspirierten Jünger selbst das Erlebnis von Shunyata zu entdecken vermochten. Das Dharma wird in zwölf Versionen vorgelegt, und diese hier ist eine von ihnen.

Das Herz-Sutra erzählt von Avalokiteshvara, dem Bodhisattva, der Mitgefühl und Bedachtsamkeit verkörpert, und Shariputra, dem großen Arhat, der Prajna, das Wissen, darstellt. Es gibt gewisse Unterschiede in der tibetischen und japanischen Übersetzung des Sanskrit-Originals. Aber alle Versionen stimmen darin überein, daß Avalokiteshvara durch die unwiderstehliche Kraft der Prajna gezwungen wurde, zu Shunyata zu erwachen. Dann sprach Avalokiteshvara mit Shariputra, der den wissenschaftlichen, akkurat denkenden Menschen personifiziert. Die Lehren Buddhas wurden unter Shariputras Mikroskop gelegt, was besagt, daß sie nicht in blindem Glauben übernommen, sondern erforscht, erprobt und bewiesen wurden.

Avalokiteshvara sagte: »O Shariputra, Form ist leer, Leere ist Form; Form ist nichts anderes als Leere, Leere nichts anderes als Form.« Wir brauchen nicht auf Einzelheiten dieses Gesprächs einzugehen, aber wir wollen die Aussage über Form und Leere, die der Kernpunkt des Sutra ist, näher betrachten; dies wird uns ein klares Bild von dem Begriff »Form« vermitteln.

Form ist da, bevor wir *unseren* Begriff darauf projizieren. Es ist der Ursprung dessen, »was hier ist«, die farbige, lebendige, ausdrucksvolle, dramatische, ästhetische Eigenschaft, die jeder Situation zu eigen ist. Form kann ein Ahornblatt sein, das vom Baum in einen Gebirgsbach taumelt; es kann volles Mondlicht sein, eine Abflußrinne auf der Straße oder ein Müllhaufen. Diese Dinge sind, »was da ist«, und in gewissem Sinne sind sie alle dasselbe; sie sind alle gegenständliche Form. Ihre Einstufung findet lediglich später in unserem Gehirn statt. Wenn wir sie vorbehaltlos anschauen, sind sie nur Form.

Form also ist leer; aber leer wovon? Nun, ohne unsere Begrifflichkeit und unser Urteil ist Form einfach Leere. Wenn wir das fallende Ahornblatt nicht einordnen und es nicht mit dem Müllhaufen in irgendeiner Stadt vergleichen, dann ist es *dort,* was *ist.* Bar jedes Begriffs. Alle Form ist leer, wenn wir sie nicht unter unserer persönlichen Interpretation sehen.

Aber Leere ist auch Form. Das erscheint eine ziemlich verrückte Feststellung zu sein. Wir glauben, wir hätten nun die richtige Einsicht, hätten endlich erreicht, in allem das »gleiche« zu sehen, und somit wäre sowohl alles Schlechte wie alles Gute, was wir sehen, beides gut. Sehr schön und einfach. Aber nachdem wir nun gewahr werden, daß Leere ebenfalls Form ist, müssen wir dies aufs neue durchdenken. Die Leere des Ahornblattes ist also Form; sie ist nicht wirklich leer; und die Leere des Müllhaufens ist auch Form. Beim Versuch, diese Dinge leer zu sehen, behängen wir sie wieder mit einem Begriff. Es wäre zu leicht, die Begrifflichkeit einfach auszuschalten und damit zur Schlußfolgerung zu kommen, daß jedes Ding einfach das ist, was es ist. Das könnte ein Ausweg sein, uns zufriedenzugeben, jedoch müssen wir die Dinge und ihr *Sein* wirklich »fühlen«. Es hilft nichts, den Schleier der Leere über sie zu werfen. Wir müssen sie in ihrer rauhen, wilden Urgestalt sehen, wie sie sind. Erst löschen wir alle unsere vorgefaßten Meinungen aus, danach die Vorstellung von »leer«, das läßt uns dann nirgendwo, und zwar genau dort, wohin wir kommen müssen.

Endlich erfassen wir, daß Form nur Form und Leere nur Leere ist, wie es in dem Sutra beschrieben wurde, wir werden uns bewußt, daß unser Suchen nach Schönheit und philosophischer Bedeutung im Leben lediglich unserer eigenen Rechtfertigung dient, um uns sagen zu können, die Dinge seien gar nicht so schlecht, wie wir glauben. Jedoch die Dinge *sind* so schlecht, wie wir denken! Schließlich kommen wir mit beiden Beinen auf die Erde und sehen, wie die Dinge wirklich sind. Dazu bedarf es nicht der inspirierten, mystischen Einsicht eines Erzengels mit Harfe und Sphärenmusik. Wir sehen sie in der ihnen eigenen Art. Daher ist Shunyata in diesem Fall völlige Konzeptlosigkeit und das Fehlen jeglichen Filters.

Laßt uns nun einmal untersuchen, wie diese Lehre dem täglichen Leben angepaßt werden könnte. Es gibt eine Geschichte über Buddha bei seiner ersten Belehrung über Shunyata, wobei einige der Arhats, vom Eindruck überwältigt, dem Herzschlag erlagen. In einer sitzenden Meditation hatten diese Arhats ihre Aufsaugung im Raum erfahren, waren aber insoweit immer noch raumgebunden, als sie Erfahrungswerten anhingen. Das Prinzip Shunyata verlangt, nirgendwo mehr zu verweilen, nichts mehr zu unterscheiden und im Niemandsland zu schweben.

Schauen wir die Dinge an, wie sie sind, bedarf es keiner weiteren Analyse oder Interpretation; wir brauchen sie nicht zu verstehen, indem wir ihnen spirituelle Erfahrungen oder philosophische Ideen unterlegen. Wie ein berühmter Zen-Meister einmal sagte: »Wenn ich esse, esse ich; wenn ich schlafe, schlafe ich.« Was immer deine Handlung sei, tu sie vollständig und ganz. Auf solche Weise wirst du ein *rishi,* ein ehrlicher, unmittelbarer Mensch. Der Rishi behandelt die Dinge eindeutig und genauso, wie sie sind; ißt, wenn er zu essen wünscht, und schläft, wenn er schlafen möchte. Manchmal ist Buddha auch als der *Maharishi,* der Große Rishi, beschrieben, der nicht mehr danach zu trachten brauchte, wahrhaftig zu sein, sondern in seiner Erwecktheit es einfach war.

Bei unserer Auslegung der Shunyata sind wir von der *Madhyamika* – oder dem »Mittleren Weg« – ausgegangen, einer von Nagarjuna begründeten philosophischen Schule. Es ist die Beschreibung einer auf Erlebnis basierenden Realität, die niemals genau geschildert werden kann, da Worte hierzu einfach nicht ausreichen. Worte oder Ideen können nur auf Teilaspekte von Erfahrung *hinweisen.* Es ist sogar durchaus zweifelhaft, ob man Realität »erfahren« kann, da dies bereits zwischen der Erfahrung und dem Erfahrenden unterscheidet. Und schließlich erscheint ebenso fraglich, ob man von »Realität« sprechen kann, denn dies würde die Existenz eines abgesonderten Beobachters voraussetzen, so als sei sie etwas Benennbares von Form und Gestalt. Daher spricht die Madhyamika-Schule lediglich von der Tathata, »wie es ist«. Nagarjuna hingegen versucht der Wahrheit nahe zu kommen, indem er die Auffassungen anderer philosophischer Schulen übernimmt, diese dann logisch durcharbeitet und ad absurdum führt, selbst jedoch keine Definition für Realität gibt.

Es gibt verschiedene bedeutende philosophische Ausdeutungen des Problems von Wahrheit und Wirklichkeit, die bereits vor der Madhyamika-Schule existierten und sie beeinflußt haben. Diese Gedanken finden sich nicht nur in früheren buddhistischen Schulen, sondern auch im Vedanta-Hinduismus, Islam, der christlichen Lehre und vielen anderen. Vom Standpunkt der Madhyamika-Schule lassen sich die verschiedenen Ansätze in drei Kategorien ordnen: die Eternalisten, die Nihilisten und die Atomisten. Madhyamika-Anhänger sehen die beiden ersten als falsch an und die dritte nur als Teilwahrheit.

Die erste und augenfälligste dieser drei »Fehlideen von der Natur der Wirklichkeit« ist die vom Eternalismus, die den naiveren Versionen von Theismus ähnlich ist. Ewigkeitsbewußte Doktrinen glauben an eine Art von Ewigkeitsgehalt in den Phänomenen; Dinge werden geboren und sterben dann, jedoch enthalten sie ein Etwas, das nicht stirbt. Diese Lehre ist an *Gegenständliches* gebunden; ihre Gläubigen verschreiben sich Gott, einer Seele, einem Atman, einem unsterblichen Selbst. Es ist ein sicheres Gefühl, sich an etwas zu halten, das uns einen klaren Weg zum Verstehen der Umwelt und unserer Verbundenheit mit ihr weist.

Anhänger der Ewigkeitstheorien werden jedoch im Laufe der Zeit wohl von einem Gott enttäuscht sein, den sie niemals zu Gesicht bekommen haben und einer Seele, deren Essenz nicht zu finden ist. Das bringt uns zur nächsten, etwas verfeinerten Fehlkonzeption der Realität, dem Nihilismus. Hier finden wir die Ansicht vertreten, daß alles aus dem Nichts, aus dem Mysteriösen, entstanden ist. Diese Auffassung scheint zuweilen gleichzeitig theistisch wie auch atheistisch: die Gottheit ist unfaßbar. Die Sonne scheint und strahlt ihr Licht auf die Erde, verhilft Leben zum Wachsen, sorgt für Wärme und Licht. Aber nirgendwo findet man das Ur-Leben; der Beginn des Universiums hat keinen logischen Anfangspunkt. Leben und Welt sind lediglich ein Tanz der *maya*, der Illusion. Die Dinge sind spontan aus dem Nichts erschaffen. Eine unerkennbare Wirklichkeit waltet irgendwo hinter dem sichtbaren Phänomen. Ein Nihilist würde wahrscheinlich sagen, daß das menschliche Gehirn dem Mysteriösen nicht gewachsen sei, und so wird es als *Gegenstand* behandelt. Die Annahme, daß keine Antwort gefunden werden kann, ist hier bereits Antwort in sich selbst.

Diese nihilistische Haltung trägt psychologisch ein Gefühl von Fatalismus in sich. Logisch zwar verstehst du die Reaktionsvorgänge auf das, was du tust, und du beobachtest Ursache und Wirkung – eine Kettenreaktion, über die du keine Kontrolle hast. Der Vorgang selbst aber entspringt dem Mysteriösen des »Nicht-Seins«. Wenn du daher jemanden ermordest, so war es dein vorbestimmtes Schicksal; hast du aber eine gute Tat vollbracht, so ist es gleichfalls belanglos, ob im wachen Zustand oder nicht. Alles entspringt jenem mysteriösen »Nichts«, der nihilistischen Auffassung von Realität. Es ist fürwahr eine recht naive Ansicht, daß man einfach alles dem Mysteriösen überlassen kann. Wann immer wir unserer nicht sicher sind, wenn gewisse Dinge über unseren herkömmlichen Gesichtskreis hinausgehen, ergreift uns Panik. Wir fürchten dann unsere eigene Unsicherheit und versuchen, die Leere mit etwas anderem zu füllen. Das ist dann gewöhnlich eine philosophische Idee – in diesem Fall der Glaube an das Mysteriöse. Voller Hast und Eifer suchen wir nach diesem »Nichts« und schauen in jede dunkle Ecke in der Hoffnung, es zu finden. Aber was wir finden, sind Brocken, nicht mehr. Solange wir fortfahren, nach einer begrifflichen Antwort zu suchen, werden wir immer wieder auf Mysterien stoßen und somit auf einen anderen Begriff.

Ob wir nun Eternalisten oder Nihilisten oder Atomisten sind, wir bleiben bei der Annahme, daß es ein »Geheimnis« gibt, das wir nicht zu erfassen vermögen: die Idee des Lebens, der Ursprung des Universums, der Schlüssel zum Glück. Wir spüren diesem Geheimnis unablässig nach, versuchen es zu verstehen und zu besitzen, nennen es »Gott« oder »Seele«, Atman«, »Brahman«, »Shunyata« und so fort. Aber das ist gewiß nicht der Madhyamika-Weg zur Wirklichkeit, obschon die früheren Hinayana-Schulen des Buddhismus bis zu einem gewissen Grad in diese Falle geraten sind, weshalb ihre Auffassung auch nur als Teilwahrheit angesehen wird.

Die Hinayana-Einstellung zur Realität sieht in der Unbeständigkeit das große Mysterium: Das, was geboren wurde, muß vergehen und sterben. Jedoch kann diese Unbeständigkeit nur in ihrer Manifestation als Form gesehen werden, und daher beschreiben die Hinayanisten das Universium als Atome, die im Raum, und Momente, die in der Zeit existieren. Das Hinayana-Äquivalent für Shunyata ist die Einsicht von der flüchtigen und substanzlosen Natur der Form, daher ist ihre Meditation zwiefältig: einmal auf die verschiedenen Aspekte der Vergänglichkeit – wie Geburt, Wachstum, Verfall und Tod – gerichtet, zum zweiten auf die Verflüchtigung geistiger Vorgänge. Der Arhat sieht geistige Vorgänge und materielle Objekte und bewertet sie als momentane und atomistische Geschehnisse. So entdeckt er, daß es nichts Bleibendes als solches gibt. Diese Auffassung irrt jedoch in bezug auf eine begriffliche Vorstellung von Einheiten im Verhältnis zueinander.

Wir finden die drei Elemente des Ewigkeitsbegriffs, des Nihilismus und des atomistischen Pluralismus verschieden kombiniert in fast allen großen Religionen und Philosophien der Welt. Vom Madhyamika-Standpunkt aus gesehen sind die drei Fehlauffassungen von der Wirklichkeit unvermeidbar, solange man nach Antwort auf eine angenommene Frage sucht und das sogenannte Lebens-Mysterium zu ergründen trachtet. Glauben heißt im Grunde nichts anderes, als einfach einen Namen für ein Geheimnis zu finden. *Yogachara,* eine philosophische

Mahayana-Schule, versuchte, diese Mystik zu überkommen, indem sie die transzendente und phänomenale Welt miteinander zu vereinigen suchte.

Die Bedeutung der Yogachara-Schule liegt in ihrem Wesen als Erkenntnislehre. Für sie ist Mysterium Geist, also »das, was weiß«. Sie löste das Problem, indem sie eine unteilbare Einheit zwischen Geist und Phänomen postulierte. Demnach gibt es also nicht individuell »Wissende«, sondern alles ist »selbst wissend«. Es existiert nur »ein Wissen«, das von den Yogacharas »selbst-erleuchtenden Erkenntnis« genannt wird und das sowohl Gedanken und Emotionen wie Lebewesen und Pflanzen miteinschließt. Diese Schule ist daher in der traditionellen Literatur als die *citta-matra* oder die »geistesbedingte« bekannt.

Yogachara war die erste buddhistische Schule, die jegliche Unterscheidung zwischen dem Wissenden und dem Gewußten aufhob. So versuchte sie, Verwirrung und Leiden aus dem irrtümlichen Glauben des einzelnen Wissenden her zu erklären. Der verwirrte Mensch fühlt, wie er Gedanken und Reaktionen im Hinblick auf äußere Phänomene hat und ist so in einer Situation von steter Aktion und Reaktion gefangen. Der Erleuchtete aber ist sich darüber klar, daß *beides*, sowohl Gedanken wie auch Gefühle, in der sogenannten Umwelt nur eine »gedankliche Vorstellung« sind. Darum ist der aufgeklärte Mensch auch nicht im Dualismus zwischen Subjekt und Objekt gefangen, zwischen Innerem und Äußerem, dem Wissen und dem Wissenden, dem Ich und dem anderen. Alles ist *selbst*-wissend.

Nagarjuna jedoch focht diese rein gedankliche Vorstellung an, ja bezweifelte sogar ihre Existenz. Er studierte die zwölf Bände der *Prajnaparamita*-Schriften, die aus Buddhas zweiter Umdrehung des Rades der Lehre hervorgingen, aus den mittleren Jahren seines Lebens. Nagarjunas Schlußfolgerungen sind in dem Prinzip des »Nicht-Verweilens« zusammengefaßt, dem Hauptprinzip der Madhyamika-Schule. Er sagte, daß jegliche philosophische Ansicht widerlegt werden könne und daß man auf keiner Definition von Realität beharren solle, möge sie extrem oder gemäßigt sein. Selbst zu sagen, daß ein »Nicht-Verweilen« die Antwort ist, sei bereits illusorisch, denn man solle selbst auch darauf nicht beharren. Nagarjunas Weg war unphilosophisch und nicht einfach nur eine andere Philosophie. Er sagte: »Der Weise verweilt nicht einmal in der Mitte.«

Die Madhyamika-Philosophie bezieht eine kritische Stellung zu der Yogachara-Theorie, daß alles ein Denkaspekt sei. Sie begründet es so: »Wenn man voraussetzt, daß ein Geist existiert und alles, was er erfaßt, nur sein eigenes Spiel ist, dann muß da auch jemand sein, der dies beobachtet, darum weiß und seine Existenz bestätigt.« Aber nach der Philosophie der Yogacharas von der selbst-erleuchtenden Erkenntnis sind subjektivierte Gedanken *über* ein Objekt täuschend, und da es hier weder Subjekt noch Objekt gibt, sondern der Geist selbst ein Teil des Beobachters ist, ist es ebensowenig möglich festzustellen, daß ein einziger Geist existiert, wie es dem körperlichen Auge möglich wäre, die selbst-erleuchtete Erkenntnis zu sehen. Die Yogachara-Auffassung bestätigt also selbst, daß es niemanden gibt, der weiß, ob solch ein Geist existiert oder nicht.

Was läßt sich dann aber über Geist und Realität noch sagen? Da es niemanden gibt, der das eine oder das andere wahrzunehmen vermag, ist ihr begriffliches Vorhandensein als »Form« und »Ding« illusorisch, denn hier gibt es keine Realität, keinen Beobachter dieser Wirklichkeit, und daher besteht auch kein Gedanke. Sobald wir das Konzept eines Vorhandenseins von Realität und Geist fallenlassen, erscheint die Situation plötzlich klar, so wie sie ist. Niemand hat je etwas beobachtet; niemand weiß etwas. Realität *ist* einfach, und das ist in dem Begriff »Shunyata« ausgedrückt. Mit dieser Einsicht wird der Aufpasser, der uns von der Welt fernhält, beseitigt.

Wie aber entsteht der Glaube an ein »ICH« und der ganze neurotische Prozeß? Madhyamika vermeint, daß wann immer eine Wahrnehmung von Form erfolgt, im Beobachter sofort eine Art von Anreiz und Ungewißheit aufsteigt. Diese Reaktion braucht nur den Bruchteil einer Sekunde. Sowie das Ding erkannt ist, haben wir in unserer Reaktion einen Namen dafür bereit. Mit dem Namen kommt natürlich sogleich auch ein Begriff. Daher sind wir unmittelbar nach dem Erkennen eines Gegenstandes nicht mehr fähig, ihn so zu sehen, wie er ist. Wir haben eine Art Filter oder Schleier zwischen uns und das Ding gelegt. Genau das ist es, was unseren Wachzustand während und nach der Meditation verhindert. Dieser Schleier trübt unser Totalbewußtsein im meditativen Zustand, denn immer wieder macht er uns unfähig, die Dinge so zu sehen, wie sie wirklich sind. Wir fühlen uns gezwungen, ihnen Namen zu geben, sie umzumodeln und zu überdenken, und dieses Tun führt uns weiter und weiter von einer unmittelbaren Wahrnehmung hinweg. Daher ist Shunyata nicht nur einfach Bewußtsein dessen, was wir sind und unserer Beziehung zu diesem oder jenem Objekt, sondern eher eine Klarheit, die alles Begriffliche und Verwirrende durchdringt. Wir sind persönlich nicht länger von dem Objekt bestrickt, und dies heißt frei zu sein von einer Sicht auf »dieses« und »jenes«. Was bleibt, ist der offene Raum, bar jeglicher Ausdeutungen. So ist der Mittlere oder Madhyamika-Weg beschaffen.

Shunyata-Erfahrung kann sich nicht entwickeln, ohne daß man zuvor den langen Pfad von Disziplin und Technik zurückgelegt hat. Im Beginn ist Technik erforderlich, aber in einem bestimmten Stadium muß sie aufhören. In letzter Sicht gesehen ist der gesamte Studien- und Trainingsvorgang ziemlich unnötig. Wir könnten die Fiktion des Ego mit einem einzigen Blick erkennen, aber solch einfache Wahrheit würden wir nicht akzeptieren, und so müssen wir also erst lernen und später umlernen. Der ganze Prozeß dient einer Ausmerzung des Ego. Wir beginnen damit zu lernen, wie man mit neurotischen Gedanken und Gefühlen fertig wird. Durch Einsicht in Leere und Raum werden falsche Vorstellungen getilgt. Shunyata lehrt, daß »Raum« ohne jegliche Begrifflichkeit ist. Daher sagt Nagarjuna in seinem Kommentar zur Madhyamika: »So, wie die Sonne die Dunkelheit durchdringt, hat der Weise die falschen Gewohnheiten des Geistes überwunden; er sieht weder den Geist noch die ihm entströmenden Gedanken.«

Das *Herz-Sutra* endet mit der »großen Zauberformel« oder Mantra. In der tibetischen Fassung heißt es: »Daher soll das Mantra des transzendenten Wissens, das unvergleichliche Mantra, das Mantra, das alles Leiden stillt, als Wahrheit erkannt werden, denn es trägt das Licht.« Seine Kraft strömt nicht aus irgendeiner eingebildeten Magie der Worte, sondern aus der Bedeutung der Worte. Es ist interessant, daß nach der Diskussion von Shunyata – Form ist Leere, Leere ist Form, Form ist nichts anderes als Leere, Leere ist identisch mit Form, usw. – das Sutra fortfährt, das Mantra zu erörtern. Im Anfang wird vom meditativen Stadium gesprochen, aber dann von dem Mantra und seinen Worten. Das ist so, damit wir zunächst einmal Vertrauen in unsere Einstellung entwickeln und alle vorgefaßten Meinungen fallenlassen, wie zum Beispiel Nihilismus, Eternalismus – jedes Glaubensprinzip muß aufgelöst und transzendiert werden. Und wenn der Mensch völlig entblößt, unmaskiert und absolut offen ist, erlebt er die Kraft des Wortes. Dann erst schaut er das Juwel in seiner strahlenden Helle: die lebensspendende Art in der Offenheit, Hingabe und Entsagung.

Entsagung bedeutet hier nicht etwas, sondern alles fortwerfen. Dann beginnen wir, den aufkommenden Frieden zu fühlen. Es ist ein Friede, der keinen Schatten von Zweifel und Heuchelei mehr aufkommen läßt. Völliges Offensein ist völliger Sieg; wir fürchten nichts mehr und verteidigen nichts mehr. Darum wird es das Große Mantra genannt. Man könnte glauben, anstatt zu sagen: *Om gate gate paragate parasamgate bodhi svaha,* würde dieses Mantra etwas über Shunyata sagen: *Om shunyata mahashunyata,* oder etwas Ähnliches. Statt dessen heißt es: *Gate gate* – »fort, fort, vollständig hinübergegangen«. Dies ist viel stärker als Shunyata, das eine philosophische Interpretation haben könnte. Doch dieses Mantra öffnet eine Weite, die jenseits jeder Philosophie liegt.

F: Wie führt Verlangen zu einer Neugeburt?

A: Mit jedem aufkommenden Wunsch wird etwas geboren. Du pflanzt Wünsche, wünschst etwas zu erfassen, und das Verlangen treibt dich weiter. Geburt bedeutet hier weitere Konfusion, größere Unzufriedenheit und weitere Wünsche. Hast du zum Beispiel ein Verlangen nach Geld und ist es dir gelungen, eine Menge davon zu horten, kaufst du dir etwas dafür. So führt eins um das andere zu einer Kettenreaktion, und das Verlangen wird zu einer Art Fangnetz.

Die Shunyata-Fähigkeit, bis auf den Grund zu schauen, löst diese Verstrickung, denn sie ist wie von der Spinne an einem bestimmten Platz gewoben, dem Wunsch-Platz. Wenn schon Shunyata erreicht ist, gibt es keine Wünsche mehr. Sie schafft um dich und in dir eine neue Atmosphäre, die Wunschbildungen nicht mehr duldet. Sie läßt auch nicht Raum, die Saat Karmas zu pflanzen, und man sagt, sie sei es, die alle Buddhas gebäre, alle Erweckten. »Erweckt« heißt, nicht mehr in die Kettenreaktionen und Komplikationen des karmischen Prozesses verwickelt zu sein.

F: Warum herrscht in so vielen von uns eine Tendenz, die Dinge nicht so zu sehen, wie sie wirklich sind?

A: Ich vermute hauptsächlich deshalb, weil wir uns fürchten, sie so zu sehen, wie sie sind.

F: Und warum fürchten wir das?

A: Wir wollen unser Ego an einer Art Nabelschur halten, um es allzeit füttern zu können.

F: Kann ein Verstehen dieser »Leere ist Form« durch Meditationstechniken erworben werden, oder müssen wir dessen spontan inne werden?

A: Die Shunyata-Erkenntnis kann durch keine geistige Gymnastik erreicht werden; es ist eine Frage des wirklichen *Sehens*, und es kann in irgendeiner Situation im Leben genauso erreicht werden wie in einer sitzenden Meditation. Hier gibt es keine Methode. Naropa, der große indische Yogi, erlebte Shunyata, als sein Meister die Sandale auszog und ihm damit auf die Wange schlug. Genau in diesem Moment *sah* er es. Es beruht also völlig auf der individuellen Situation.

F: Dann ist es also nichts, wonach man auf die Suche geht?

A: Wer ehrlich und aufrichtig wünscht, es zu verstehen, gibt es auf, danach auszuschauen.

F: Es bereitet mir einige Schwierigkeiten, die Idee der Shunyata mit dem zu verbinden, was im Augenblick vorgeht.

A: Shunyata-Erkenntnis zu haben, bedeutet keineswegs, die Augen zu schließen und nicht mehr auf der Erde zu leben. Du bist weiterhin da, siehst aber genauer hin, was hier ist. Wir glauben die Dinge zu kennen, wissen jedoch nur um unsere eigene, unzulängliche Version. Es bleibt noch vieles an wahrer Lebenssubtilität für uns zu lernen; unser Wissen ist ziemlich oberflächlich. Die Shunyata löst nicht Welt und Raum völlig auf, doch beginnst du, *Raum* zu begreifen, und da erscheinen alle Dinge weniger gedrängt. Beabsichtigen wir beispielsweise, mit jemandem zu sprechen, nehmen uns vor, ihm dies und jenes zur Beruhigung zu sagen, so wird von unserem Gegenüber plötzlich soviel Verworrenheit zutage gefördert, daß wir am Schluß selbst völlig konfus sind und statt der beabsichtigten Klärung in seine Verwirrtheit einstimmen. Man wird hineingezogen, aber Shunyata bedeutet, jede Verwirrung zu durchschauen und allzeit seine Scharfsicht und Klarheit zu bewahren.

F: Und mit solcher Erfahrung lebt man immer noch in dieser Welt?

A: Aber natürlich! Sieh mal – erleuchtet sein heißt nicht zu sterben. Sonst wäre es ja Selbstmord, und das ist lächerlich. Es wäre ein nihilistischer Versuch, der Welt zu entkomemn.

F: Ist eine erleuchtete Person allwissend?

A: Ich fürchte, das ist eine irrtümliche Schlußfolgerung aus der Yogachara-Theorie des »einen Geistes«, die auch in anderen Religionen und Philosophien aufgetaucht ist. Man hört solche wilden Spekulationen immer wieder von Leuten, die vorgeben, in das Mysterium eingedrungen zu sein; ich mutmaße jedoch, daß es so etwas wie »einen Geist« gar nicht gibt.

F: Wie lernt man es zu sehen, was *ist?*

A: Durch Nicht-Lernen – indem man dies von vornherein aufgibt. Wenn du versuchst, irgendein bestimmtes Gebiet als »deine Erfahrung« abzugrenzen, wirst du Shunyata niemals erleben; laß also diesen Gedanken fallen, sonst erreichst du es nie. Hier geht es um keine philosophische Spekulation, keinen Bereich, man *kann* nicht beginnen.

F: Wenn man es immer wieder versucht und schließlich erschöpft aufgibt – ist dies nicht schon ein Teil des Nicht-Beginnens? Kann man denn wirklich etwas aufgeben, bevor man es versucht hat? Mußte nicht der Affe die ganze Prozedur des Halluzinierens und Wändestürmens durchgehen?

A: Ich glaube schon. Spontane Erleuchtung entspringt nur aus der Erschöpfung. Das besagt jedoch nicht, auf dem kürzesten Wege. In Fällen, wo Menschen solch ein plötzliches Aufleuchten zuteil wird, ohne daß sie den ganzen Weg dorthin durchwandert haben, wird das alltägliche Denkverhalten bald wieder die Oberhand gewinnen. Man muß – wie du schon sagtest – erst den Punkt erreichen, wo man anfängt, enttäuscht zu sein.

F: Das scheint wieder auf den Hinayana-Pfad zurückzuführen, zur Disziplin. Stimmt das?

A: Ja, Meditation ist harte Arbeit.

F: Dem, der einmal begonnen hat, scheint eine erhebliche Arbeit bevorzustehen.

A: Ganz gewiß, was es aber auch immer sein mag, es bezieht sich lediglich auf den Augenblick und ist auf kein Fernziel gerichtet. Womit wir wieder zur Meditation zurückkommen. Bei ihr handelt es sich nicht darum, den ersten Schritt auf einem Pfad zu tun, es ist vielmehr ein Sich-klar-Werden, daß du dich bereits auf diesem Pfad befindest – ganz in der Gegenwart und dem Augenblick hingegeben – jetzt, jetzt, jetzt. Du stehst nicht am Anfang, denn du hattest diesen Pfad ja nie verlassen.

F: Erleuchtete Menschen werden von Ihnen als solche beschrieben, die von der Kette des Karma befreit sind. Ich würde gern wissen, was Sie damit meinen, denn mir scheint, daß man sich damit bereits eine neue karmische Kette schafft.

A: Das Wort »Karma« bedeutet »Schöpfung« oder »Handlung« – Kettenreaktion. Wenn wir uns zum Beispiel mit der Zukunft beschäftigen, pflanzen wir die Saat bereits in der Gegenwart. Erleuchtete Menschen jedoch planen nicht für die Zukunft, weil sie nicht das

Verlangen haben, sich Sicherheit zu verschaffen. Sie haben die Vorstellung von einer »Zukunft« überwunden. Sie leben einzig dem Jetzt. Dieses Jetzt trägt sowohl Zukunft wie Vergangenheit in sich. Jene Erleuchteten beherrschen all die ruhelosen und wirren Vorgänge im Geist. Sie leben völlig im Augenblick und frei vom Drang, Karmas Samen zu säen. Wenn dann die Zukunft kommt, sehen sie in ihr nicht ein Resultat ihrer guten Taten aus der Vergangenheit, sondern für sie ist sie allzeit nur Gegenwart. Auf diese Weise kommt keine weitere Kettenreaktion zustande.

F: Ist der »Wachzustand« mehr, als nur im Jetzt zu leben?

A: Ja. Erleuchtung ist *Wachsein* im Jetzt. Tiere zum Beispiel leben nur der Gegenwart, ebenso kleine Kinder; dies ist jedoch völlig verschieden von einem Erweckt- und Erleuchtetsein.

F: Ich verstehe nicht recht, was Sie damit meinen, daß Tiere und kleine Kinder nur in der Gegenwart leben. Was ist der Unterschied zwischen ihrer Weise zu leben und der eines Erleuchteten?

A: Der Unterschied liegt meines Erachtens darin, daß es etwas anderes ist, in etwas zu »verweilen« oder im Zustand des »Wachseins« gegenwärtig zu sein. Ein Kind oder ein Tier weilt im Jetztzustand, weil es darin lebt – obschon dies unbewußt ist. Der Erleuchtete lebt nicht in der Idee »Ich bin ein erleuchtetes Wesen«, denn er hat die Vorstellung von »Ich bin« überwunden. Er ist einfach ein vollkommenes Wesen, das jede Subjekt-Objekt-Spaltung völlig überwunden hat.

F: Wenn dieser erleuchtete, egolose Mensch die Sorgen und Schmerzen derer, die um ihn sind, fühlt, wenn auch nicht unbedingt seine eigenen, würden Sie dann seine Bereitschaft, anderen bei ihren Schwierigkeiten zu helfen, als Verlangen bezeichnen?

A: Ich glaube nicht. Ein Verlangen entsteht, wenn du jemanden glücklich sehen willst. Sind deine Bemühungen in solchem Falle erfolgreich und du hast ihm dazu verhelfen können, dann hast du dies in gewisser Weise mehr um deinetwillen als um des anderen willen getan. Du bist es, der den anderen glücklich sehen wollte. Der Erleuchtete dagegen hat keineswegs diese Einstellung. Benötigt jemand seine Hilfe, so gibt er sie ihm, ohne für sich selbst Genugtuung und Selbstbefriedigung darin zu finden.

F: Warum haben Sie Ihren hier gegründeten Kreis Karma Dzong genannt?

A: *Karma* bedeutet »Handlung« und »Buddha-Aktivität«, und *Dzong* ist tibetisch und heißt »Festung«. Alle Situationen ergeben sich von selbst und sind nicht vorausgeplant. Außerdem erscheint in dieser Gruppe eine enorme Kraft aufgestaut, die man als Karma ansprechen kann. Energie, die sich nicht mißbrauchen läßt und so einem Hort gleicht. Was auch immer geschieht, muß geschehen. Dieser Kreis hier entfaltet sich eher als spontane, karmische Verbindung, nicht aber als ein Missionswerk oder ein Bekehrungsversuch zum Buddhismus.

F: Welche Beziehung sehen Sie zwischen Samadhi, Nirvana und Shunyata?

A: Das ist ein Problem der Wortwahl. Es handelt sich nur um unterschiedliche Betonungen. Samadhi ist völliges Versunkensein in sich selbst, Nirvana bedeutet absolute Freiheit, und beides steht zu Shunyata in Beziehung. Erleben wir Shunyata, dann sind wir völlig versunken, jenseits jeder Dualität und frei von jeglicher Verblendung.

Prajna und das Mitempfinden

Im Gespräch über Shunyata wurde uns klar, wie wir unsere Meinungen und Ideen auf die Dinge übertragen, anstatt diese so zu sehen, wie sie sind. Sind wir einmal fähig, die täuschende Verschleierung zu durchschauen, werden wir auch gewahr, wie sinnwidrig und irrig es ist, sie einfach mit unseren Vorstellungen zu etikettieren, gleichgültig ob sie passen oder nicht. Diese Gepflogenheit ist eine Art von Absicherung; wir sehen etwas, und schon geben wir dem Ding einen Namen und ordnen es in eine bestimmte Kategorie ein. Aber Leere ist Form; es bedarf nicht unserer Einstufung, um genau das zu sein, was es ist. Form ist bereits *in sich selbst* bar jeder Voreingenommenheit.

Leere ist Form. Das bedeutet, daß wir im gegenwärtigen Grade unseres Verstehens zuviel Wert darauf legen, Form frei von Vorurteilen zu sehen. Wir möchten gern diese Einsicht erlangen, so als sei das Sehen leerer Form ein Zustand, den wir unserem Sinn aufzwingen könnten. Wir suchen nach Leere, und damit wird sie gegenständlich, nimmt Form an, anstatt wahrlich leer zu sein. Es ist das Problem einer starken Ambition.

Unser nächster Schritt muß darum sein, unseren Ehrgeiz aufzugeben, Form als leer zu sehen. Nun erst kommt sie wirklich hinter dem täuschenden Schleier zum Vorschein. Form wird Form, nackte Form ohne jede philosophische Ausdeutung. Und Leere wird Leere; nichts, woran wir uns halten können. Damit haben wir das Wesen der Nicht-Dualität entdeckt.

Dennoch, obschon nun Form zu Form und Leere zu Leere geworden ist, schätzen wir immer noch unsere gewonnene Einsicht. Immer noch ist da das Gefühl des um diese Einsicht Wissenden in uns. Hier gelangen wir in eine Durchgangsphase zwischen dem Mahayana-Pfad und Tantra, in dem Prajna zu einer fortdauernden Erfahrung wird und Mitempfinden nicht mehr beabsichtigt ist. Doch es verbleibt noch eine gewisse Befangenheit, ein Untergefühl von unserer eigenen Prajna und Mitempfinden, das in gewissem Sinne unsere Handlungen beobachtet und beurteilt.

Wie wir schon bei der Diskussion des Bodhisattva feststellten, ist Prajna ein klarsichtiger und geisteswacher Sinneszustand, fähig, alle Situationen zu durchdringen. Mitempfinden ist die offene Atmosphäre, in der Prajna sieht. Es ist offenes Gewahrsein der Situation, vom Auge der Prajna aufgefaßt, das zu Handlungen führt. Dieses Mitgefühl ist sehr stark, muß aber von Prajna-Geist dirigiert werden, genau wie auch der Geist der Atmosphäre weitoffenen Mitgefühls bedarf. Beides muß ineinander wirken.

Mitgefühl enthält Furchtlosigkeit, Furchtlosigkeit ohne jedes Zögern. Sie beruht im Gegensatz zu der eines Menschen, der Macht über andere ausübt, auf absoluter Großmütigkeit. Dies ist die Grundnatur von Mitempfinden, und sie transzendiert den Tier-Instinkt des Ego. Unser Ego wünscht ein Gebiet einzugrenzen. Dagegen ist Mitempfinden seiner Natur nach ganz offen und empfangend, eine Geste der Großherzigkeit, die niemanden ausschließt.

Mitempfinden beginnt sich in der Meditations-Übung zu regen, wenn du nicht nur Ruhe und Frieden, sondern auch Wärme verspürst. Mit ihr verliert sich zugleich jede Furcht, durch Einwirkung von außen in deiner Meditation gestört zu werden.

Das instinktive Wärmegefühl, das sich entwickelt, weitet sich auch postmeditativ zu einer besonderen »Wachheit« aus. Im Zustand solcher echten Bewußtheit kannst du dich selbst nicht von deinen Handlungen lösen. Das wäre unmöglich. Angenommen, du wolltest dich auf etwas Alltägliches konzentrieren, wie etwa auf das Zubereiten einer Tasse Tee, und gleichzeitig versuchen, dessen gewahr zu sein, dann befändest du dich in einem Traumzustand. Ein großer tibetischer Guru sagte einmal: »Der Versuch, Wachsein und Handlung in unerfahrener Weise miteinander zu verbinden, ist wie das Mischen von Öl und Wasser.« Echtes Wachsein ist offen, nicht vorsichtig und selbstschützend. Es ist das Gefühl des offenen Raumes in einer gegebenen Situation. Du magst arbeiten, aber dieses Empfinden wirkt gleichsam darin mit und macht es so zu einer Handlung von Mitgefühl und Meditation.

Gewöhnlich fehlt diese Art von Bewußtsein in unserem Leben; wir versinken völlig in dem, was wir gerade tun und vergessen alles um uns herum. Aber die positive Kraft von Mitgefühl und Prajna ist offen und scharfsinnig. Sie öffnet uns eine Panoramasicht auf das Leben, die nicht nur die einzelnen Handlungen und Vorgänge aufzeigt, sondern auch deren Umkreis. Dies schafft den rechten Nährboden im Umgang mit Menschen; es macht uns fähig, nicht nur zu hören, was sie sagen, sondern auch das zu erfassen, was dahinter steht. Ihre Worte oder ihr Lächeln sind nur Teilausschnitte aus dem, was sie mitteilen wollen. Ebenso wichtig ist das Empfinden der Aura, die sie ausstrahlen. Sie ist eine Mitteilung, die weit über bloße Worte hinausgeht.

Handlungen eines Menschen, der sowohl weise wie mitfühlend ist, strahlen eine ungeheure Energie aus. Man nennt sie *upaya,* »fähig sein«, was nicht im Sinne von zweideutig oder diplomatisch zu verstehen ist; Upaya erfolgt einfach als Reaktion auf eine Situation. Jedem völlig offenen Menschen ist solch eine Einstellung zum Leben zu eigen; vom konventionellen Standpunkt erscheint sie zuweilen vielleicht unbegreiflich, aber dieses »Fähig Sein« läßt keinen Raum für Nichtiges. Der mit Upaya begabte Mensch stellt sich einer Situation, wie sie ist, außerordentlich geschickt und mit zielbewußter Energie. Es wäre recht schmerzhaft, würde die Maske, die wir gewöhnlich tragen, von dieser Energie einmal plötzlich fortgezogen. Dies würde uns bloßstellen. Und in solchen Momenten mag die unmittelbare Art von Prajna und Mitgefühl sehr kalt und unpersönlich scheinen.

Der konventionelle Begriff von Mitgefühl ist Güte und Warmherzigkeit, in den Schriften »Großmutter-Liebe« genannt. Jemand, der das wahre Mitgefühl besitzt, müßte erwartungsgemäß besonders herzlich und gütig sein; er könnte keiner Fliege etwas zuleide tun. Brauchtest du eine andere Maske oder eine zweite Decke, um dich zu wärmen, so würde er sie dir ohne weiteres zur Verfügung stellen. Das wahre Mitgefühl ist jedoch vom Standpunkt des Ego aus durchaus rücksichtslos, denn es hat nicht des Ego Wunsch nach Selbsterhaltung. Es ist ein »irres Wissen«, denn es hat zwar alle Weisheit, ist aber gleichzeitig irre, da es sich nicht um unseres Ego Sicherheit und Wohlbefinden kümmert.

Die Logik des Ego sagt uns: sei gut zu deinen Mitmenschen und mahnt uns, wie brave Kinder unschuldig dahinzuleben. Wir gehen regelmäßig unserer Arbeit nach, haben ein gemütliches Heim, und es würde uns recht gefallen, immer so weiterzuleben. Plötzlich jedoch geschieht etwas, was uns aus unserem warmen, sicheren Nest reißt. Entweder es erfaßt uns eine tiefe Depression, oder etwas besonders Schmerzvolles geschieht. Wir klagen den Himmel an, der uns so straft, obschon wir doch so gut sind und niemals einer Seele etwas zuleide getan haben. Aber das Leben verlangt mehr von uns als nur das.

Wovor versuchen wir uns zu sichern? Warum sind wir so darauf bedacht, uns zu schützen? Der jähe Energiefluß eines ungehemmten Mitempfindens raubt uns Wohlbehagen und Sicherheit. Erführen wir nicht diesen Schock in unserem Leben, gäbe es für uns keine Entwicklung. Wir müssen aus diesem gleichmäßigen und bequemen Lebensrhythmus herausgerissen werden. Es liegt nicht im Sinne der Meditation, lediglich ein ehrlicher und braver Mensch zu sein, der versucht, sein eigenes Wohlergehen zu fördern. Wir müssen uns bereitfinden, mitfühlend und weise im tieferen Sinne zu werden und in ein offenes Verhältnis zur Welt zu treten, so wie sie ist.

F: Könnten Sie die Wesensverschiedenheit zwischen Liebe und Mitgefühl erklären und in welcher Beziehung sie zueinander stehen?

A: Liebe und Mitgefühl sind beides vage Begriffe und können daher ganz verschieden ausgelegt werden. Gewöhnlich haben wir im Leben die instinktive Neigung, uns den wechselnden Situationen anzupassen, um Geborgenheit zu finden. Vielleicht betrachten wir jemanden als unser Kleinkind oder uns selbst als unmündige, hilflose Kinder, die Sicherheit im Schoße eines Stärkeren suchen. Dieser Stärkere kann ein Individuum sein oder eine Organisation, eine Gemeinde, ein Lehrer oder ein Elternteil. Die sogenannte »Liebes«-Beziehung ist gemeinhin das eine oder das andere: Entweder werden wir gefüttert oder wir füttern andere. Beides ist eine Banalisierung der Liebe und des Mitempfindens. Der Drang, sich anzuschließen, anzugehören, jemandes Kind zu sein oder ein Kind zu haben, ist außerordentlich stark. Alles könnte unser »Kind« sein, das wir schützen und füttern müssen, um seine Entwicklung zu fördern. Oder eine Organisation ist unsere große Mutter, die uns ernährt und ohne deren Schutz wir nicht leben könnten. Diese beiden Möglichkeiten passen auf alle Lebensenergien, die uns zu erhalten vermögen. Entweder kontrollieren wir sie oder werden ein Teil davon.

Aber es gibt noch eine dritte Möglichkeit für Liebe und Mitgefühl. Sei, wie du bist. Reduziere dich nicht auf ein Kinderniveau und verlange nicht von anderen, in deinem Schoß Schutz zu suchen. Sei, was du bist, in der Welt und im Leben. Wenn du dazu fähig bist, werden auch äußere Situationen von sich aus zu dem werden, was sie wirklich sind. Du kannst dann ohne Deutelei und Umschweife emotioneller oder philosophischer Art allem auf den Grund kommen. Dieses ausgewogene Verhältnis von Offenheit und Verbundensein ist es, das uns gleichzeitig den Raum öffnet, der in Tanz und Austausch das Schöpferische bringt.

Mitempfinden ist weder ein heuchlerisches Spiel noch Selbstbetrug. Wenn wir zum Beispiel von jemandem etwas haben möchten und sagen: »Ich liebe dich« und hoffen, ihn damit in unseren Bann zu ziehen, so ist diese Art von Liebe recht beschränkt. »Du solltest mich lieben, selbst wenn du mich haßt, denn ich bin von Liebe erfüllt, fliege auf Schwingen der Liebe, bin völlig trunken.« Das ist ziemlich durchsichtig, und ein intelligenter Mensch fällt auf solches

Getue nicht herein. »Wenn du mich wirklich liebst, warum wünschst du dann, daß ich zu dir überlaufe? Warum dieses Verlangen? Was willst du eigentlich von mir? Was garantiert mir, daß du mich nicht beherrschen willst, wenn ich mich in deine Sphäre begebe? Und was würde geschehen, wenn mich deine Liebe überwältigte und einengte?« Solange an ein Liebesgefühl eine Bedingung geknüpft ist, wird dies Mißtrauen heraufbeschworen. Wer gibt mir eine Garantie, daß die Mahlzeit, die der andere für mich bereitet hat, nicht vergiftet ist? Kommt das Angebot von einer selbstsüchtigen Person oder aus völliger Selbstlosigkeit?

Der Grundzug einer wahren Empfindung ist reine, furchtlose Offenheit ohne Gegenforderung. Es bedarf nicht des »Liebe-deinen-Nächsten«-Programms, keiner verbindlichen Rede, keines einschmeichelnden Lächelns. Solche kleinen Machenschaften dürfen nicht angewandt werden; sie wären in der Tat beschämend. Wirkliche Offenheit hat eine viel breitere, universelle Basis. Mitgefühl verlangt eine Abgeklärtheit, in der noch die Kindlichkeit erhalten geblieben ist. Wie schon zuvor gesagt, wird es in der buddhistischen Lehre mit dem Mond verglichen, der sich in den hundert Schüsseln spiegelt. Der Mond erwartet keine Gegenleistung; er scheint einfach für dich. Auf dich angewandt heißt das: Verlange für dein Gefühl keine Gegenleistung. Kein Zuschauer applaudiert deinem Geschenk, deiner Großherzigkeit, und du darfst keine Gegengabe erwarten. Das echte Mitempfinden ist völlig selbstlos. Bist du, was du bist, dann meisterst du die Situation, dann pulsiert das Leben ringsum dich und durch dich hindurch.

F: Solch konzessionsloses Mitempfinden erscheint mir irgendwie unmenschlich.

A: Im herkömmlichen Sinne gleicht Mitempfinden eher der Liebe eines Vaters, der sich beeilt, jeden Wunsch seiner Kinder sogleich zu erfüllen, was auch immer es sein mag, nur um sie glücklich zu sehen. Es gibt da aber auch den anderen Vatertyp, der seine Kinder zwar auch glücklich sehen will, aber er hat dabei ihr wirkliches Wohlergehen im Auge.

F: Warum sollte ein wahrhaft mitempfindender Mensch Vorbehalte hinsichtlich seiner Gaben machen?

A: Es handelt sich ja nicht ums Geben als solches, sondern um unsere Beziehung zu anderen Menschen: darum, sie zu akzeptieren, wie sie sind und ihnen nicht mit einer vorgefaßten Meinung zu begegnen.

F: Liegt in solcher Konzessionslosigkeit des Mitempfindens nicht auch die Gefahr eines Selbstbetruges? Ein Mensch mag zwar glauben, daß ihn Mitempfinden treibt, aber in Wahrheit läßt er nur seiner Angriffslust freien Lauf.

A: Gewiß. Und weil ich dies als eine gefährliche Möglichkeit ansehe, habe ich es erst jetzt zur Sprache gebracht und zuvor mit der Erörterung des spirituellen Materialismus und dem buddhistischen Pfad im allgemeinen die Grundlage für ein sinnvolles Verstehen geschaffen. Im gegenwärtigen Stadium hat unser Schüler diesen langwierigen Entwicklungsprozeß bereits absolviert, und nachdem nun all dies hinter ihm liegt, können wir uns als nächstes Prajna und dem Mitempfinden zuwenden. Denn nunmehr liegt keine Gefahr darin, konzessionsloses Mitempfinden zu praktizieren.

F: Vielleicht vermag ein Mensch ein Gefühl von Offenheit gegenüber anderen Menschen in sich zu entwickeln, aber dann wird dies immer noch an ein gewisses Verhaltensmuster gebunden sein. Können wir uns stets darauf verlassen, daß unsere Offenheit uns den rechten Weg führt und wir keinem Selbstbetrug anheimfallen?

A: Die Antwort ist sehr einfach. Wenn wir uns im Anfang selbst betrügen, so ist das ein Übereinkommen mit uns selbst. Gewiß, jeder hat dies einmal an sich erfahren. Beispielsweise übersteigern wir im Gespräch mit anderen zuweilen unsere Erzählung. Ehe wir den Mund öffnen, haben wir uns bereits gesagt, daß wir, um den anderen zu überzeugen, dick auftragen müssen. Es ist unser ständiges Spiel. Aber das Offensein anderen gegenüber steht hier nicht zur Debatte. Absolute Offenheit gegen uns selbst ist vonnöten, und die strahlt auf den anderen über. Wir wissen genau, wann wir uns selbst betrügen, aber wir stellen uns dazu taub und blind.

Tantra

Nachdem nun der Bodhisattva mit dem Schwerte der Prajna alle Formeln und Vorurteile durchschnitten hat, gelangt er zu der Einsicht: »Form ist Form, Leere ist Leere«. Jetzt ist er fähig, jede Situation mit Klarsicht und Geschicklichkeit zu handhaben. In seiner weiteren Wanderung auf dem Bodhisattva-Pfad vertiefen sich in ihm Prajna und Mitempfinden mit zunehmendem inneren Frieden; jenem Frieden, der unzerstörbar ist und ohne den wir nicht wahrhaft friedliebend sein können. Friedfertigkeit allein ist unzureichend und wechselhaft, und sie kann auch vom Ego mißbraucht werden. Des Bodhisattvas Frieden ist unberührbar.

Endlich erreichen wir das zehnte und letzte Stadium auf dem Bodhisattva-Pfad: den Tod in Shunyata und die Geburt zur »Erleuchtung«. Die Shunyata-Erfahrung verschwindet und enthüllt das erleuchtete Wesen der Form. Prajna wandelt sich in *jnana* oder »Weisheit«. Aber Weisheit wird immer noch als äußere Entdeckung erfahren. Der volle Anstoß durch *vajra-gleiches samadhi* ist erforderlich, um den Bodhisattva vom Wissen um die Weisheit zum »Weisheit-selbst-Sein« zu erhöhen. Das ist der Augenblick von *bodhi* oder dem »Erwachen«, dem Eintritt in Tantra. Im erweckten Zustand wird die farbleuchtende Beschaffenheit der Energien noch lebendiger.

Wenn wir eine rote Blume betrachten, sehen wir sie jetzt nicht nur ohne den komplizierten Blickwinkel des Ego und jede Begrifflichkeit von Name und Form, sondern verspüren nun auch ihre Strahlung, so als sei plötzlich ein täuschender Filter zwischen uns und dieser Blume entfernt; ganz aus sich selbst wird die Luft völlig rein und die Sicht klar und lebendig.

Während sich die Grundlehren des Mahayana-Buddhismus hauptsächlich mit der Entwicklung Prajnas, des transzendenten Wissens, befassen, geht die Tantra-Lehre vom Wesen und Wirken der Energien aus. In der *Kriyayoga-Tantra der Vajramala* wird Energie als etwas beschrieben, das »im Herzen aller Lebewesen pulst und von eigenexistentieller Einfachheit und voller Weisheit ist. Diese unzerstörbare

Essenz ist die Kraft der großen Freude; überall gegenwärtig wie der Raum.« Und weiter: »Sie erhält die Ur-Intelligenz, die die phänomenale Welt wahrzunehmen vermag. Sie gibt sowohl den Impuls zur Erleuchtung wie auch zu Geistesverwirrung. Sie ist unzerstörbar im Sinne eines ständigen Wirkens. Sie ist die Triebkraft von Gefühlen und Gedanken im Zustand der Verwirrung und die Triebkraft für Mitempfinden und Weisheit im erleuchteten Zustand.«

Um mit dieser Energie vertraut zu werden, muß der Yogi mit seiner Aufschließung durch Hingabe beginnen und weiterhin lernen, nach dem Shunyata-Prinzip über alle Begrifflichkeit hinaus zu sehen, um zu erkennen, daß »Form Form und Leere Leere« ist, bis er schließlich auch Shunyata überwindet und die erleuchtete Form, den lebendigen, klaren und farbenfrohen Aspekt der Dinge, erblickt. Von hier an erscheint ihm alles, was seine Sinne im täglichen Leben erfassen, als nackte Erfahrung, denn es ist unmittelbar. Der Schleier zwischen ihm und »jenem« ist gefallen. Wenn ein Yogi jedoch ohne die Shunyata-Erfahrung mit den Energien arbeitet, kann dies bedrohliche Konsequenzen für ihn haben. Zum Beispiel könnten gewisse körperliche Yogaübungen, die die Energien stimulieren, ebenso auch Leidenschaften, Haß, Eitelkeit und anderes in ihm erwecken, und zwar in einem Maße, daß er jeden Halt verliert. In den Schriften finden wir einen Yogi beschrieben, der, völlig berauscht von seiner eigenen Energie, wild und ziellos wie ein betrunkener Elefant umherrast.

Die Lehren des Tantrismus überhöhen jene transzendente Erfahrung von »Form ist Form«. Wenn wir von der Transzendenz der Mahayana-Überlieferung sprechen, meinen wir das Transzendieren des Ego. In der tantrischen Tradition jedoch sprechen wir überhaupt nicht davon, über unser Ego hinauszugehen, denn dies ist eine viel zu dualistische Haltung. Tantra ist viel präziser. Da handelt es sich nicht um ein »da« oder »dort«, die Tantra-Lehre spricht nur vom *hier* sein. Sie spricht von Transmutation und benutzt häufig als Vergleich alchimistische Experimente. Beispielsweise wird die Existenz von Blei nicht geleugnet, aber Blei wird in Gold umgewandelt. Dazu braucht man seine metallische Substanz nicht zu ändern, man muß es einfach geistig umschaffen.

Tantra ist gleichbedeutend mit Dharma, dem Weg. Ziel und Aufgabe seiner Übungen ist, das Ego so umzuwandeln, daß es die Ur-Intelligenz durchscheinen läßt. Das Wort *Tantra* meint »Fortdauer«. Es zieht sich wie ein Faden durch Perlen und hält sie zusammen. Der Faden ist der Weg. Die Perlen symbolisieren die verschiedenen tantrischen Übungen, die Fünf Skandhas oder Bestandteile des Ego, sowie das Ur-Wesen Buddhas im Menschen selbst, die Ur-Intelligenz.

Tantrische Weisheit verbindet Nirvana mit Samsara. Das mag ziemlich schockierend klingen, denn ehe du Tantra erreichst, suchst du Samsara abzustreifen, um Nirvana zu erreichen. Aber schließlich muß dir die Sinnlosigkeit des Bemühens aufgehen, und du wirst dann mit Nirvana eins werden. Und hierzu bedarf es der Partnerschaft der alltäglichen Welt. Daher wird die Formulierung »alltägliche Weisheit«, *tha-mal-gyi-shes-pa,* sehr häufig im Tantrismus gebraucht. Man kann die physische Existenz der Welt nicht einfach als etwas Schlechtes und mit Samsara Verbundenes abtun. Nirvanas Wesenheit läßt sich nur verstehen, wenn man die des Samsara erkennt. Der Pfad verlangt etwas mehr, als nur den Begriff von Dualität zu überkommen.

Die Lehre muß mit dem täglichen Leben des Adepten im Zusammenhang stehen, denn wir sehen uns Gedanken, Gefühlen und Energien gegenüber, die uns mit der Umwelt und anderen Menschen verbinden. Wie könnten wir unser Verständnis für Shunyata dem täglichen Leben anpassen, wenn wir nicht auch den Energie-Aspekt des Lebens gelten ließen? Wenn wir nicht mit dem Lebensrhythmus zu tanzen vermögen, werden wir auch nicht fähig sein, mit unserer aus Shunyata gewonnenen Einsicht Samsara und Nirvana zu vereinen. Tantra lehrt uns, Energie nicht zu hemmen oder zu beseitigen, sondern sie umzuwandeln. Mit anderen Worten: folge dem Rhythmus der Energie, und sobald du mit ihr eine Art Balance fühlst, beginnst du, mit ihr vertraut zu werden. Sie führt dich nicht in die Irre, und du mußt nicht zum wilden Yogi werden, geschweige denn ein »betrunkener Elefant«.

Ein klares Beispiel für die Wirkung der Energie in ihrer positiven Form war die Übertragung der Erleuchtung von Tilopa auf Naropa. Tilopa zog seine Sandale aus und schlug Naropa damit ins Gesicht. Er nutzte die Situation des Augenblicks, um Naropas Energie an Wißbegierde, seine Suche nach dem erweckten Zustand, umzuwandeln. Naropa verfügte in erheblichem Maße über Energie und Intelligenz, aber sie fand keine Verbindung zu Tilopas Einsicht und spiritueller Offenheit, die eine andere Art von Energie darstellte. Um dieses Hindernis zu überwinden, bedurfte es eines plötzlichen Schocks, der spontan sein mußte. Gleich einem schiefstehenden Gebäude, das im Begriff ist umzufallen, aber durch ein plötzliches Erdbeben wieder aufgerichtet wird. Natürliche Umstände dienen der Wiederherstellung ursprünglicher Offenheit. Folgt man dem Rhythmus der Energie, so wird die Erfahrung schöpferisch.

Je vertrauter der Yogi mit den Eigenheiten der Energien wird, um so klarer erkennt er auch Sinn und Symbolik in den Lebenserfahrungen. Die erste Hälfte der Tantra-Schulung, der »Niedere Tantra«, heißt

Mahamudra, das bedeutet »Großes Symbol«. Symbol in diesem Sinne bezeichnet kein philosophisches oder religiöses Prinzip, sondern ist Darstellung der lebendigen Eigenschaften dessen, was ist.

Halten wir beispielsweise einen Stein in der Hand, so fühlen wir mit jener klaren Empfindsamkeit nicht nur seine Härte, sondern auch seine Verkörperung von absoluter Festigkeit und Majestät der Erde. Was dies Gefühl von Ur-Festigkeit anbetrifft, so könnten wir in der Tat den Mount Everest in unserer Hand halten. Der kleine Stein wird hier zum *pars pro toto.* All dies hat eine lebendige Beziehung zu unserer eigenen Existenz. Es ist interessant, daß in der tantrischen Ikonographie eine Anzahl symbolischer Figuren einen Berg in einer Hand hält, der auch im geistigen Sinne das versinnbildlicht, wovon wir gerade gesprochen haben: nämlich dauerhaften Frieden, unerschütterliches Mitempfinden und fundierte Weisheit, die unbeeinflußbar von den Frivolitäten des Ego sind.

Jedes Gebilde, das wir wahrnehmen, zeigt eine Art spiritueller Implikation, und uns wird daran klar, welch enorme Energie in solcher Entdeckung und ihrem Verstehen lebendig wird. Der Meditierende entwickelt bei unmittelbarem Kontakt mit der Wirklichkeit dieser phänomenalen Welt Einsicht in neue Tiefen. Er ist fähig, nicht nur ihre Unkompliziertheit und das Fehlen jeglicher Dualität in ihr zu erkennen, er sieht auch das Steinerne im Stein und das Wasserhafte im Wasser. Er sieht die Dinge genau wie sie sind, und nicht nur im physikalischen Sinne, sondern auch mit einem Gefühl für ihre spirituelle Bedeutung. Alles, was er sieht, wird zu einer Art geistiger Offenbarung und zu einem all-umfassenden Verständnis für Symbolisches und Energie. Wie immer eine Situation auch sein mag, er braucht keine Resultate zu erzwingen; Leben selbst umfließt ihn. Dies ist die Grundlage des *Mandala*-Prinzips. Das Mandala wird im allgemeinen als ein Kreis dargestellt, der sich um ein Zentrum dreht, was besagt, daß alles um dich herum Teil deiner Wahrnehmung ist und sphärisch die lebendige Realität des Lebens ausdrückt. Nur durch Meditation ist es möglich, diese Dinge voll und wahrhaft zu empfinden, weil durch sie eine unmittelbare Verbindung zur Natur, zum Leben selbst hergestellt wird. Sprechen wir von hochentwickelter Spiritualität, so bedeutet das nicht, in der Luft zu schweben – im Gegenteil, je höher wir kommen, um so fester stehen wir auf der Erde.

Es ist wichtig, sich daran zu erinnern, daß die Meditationsübung mit einer Analyse des neurotischen Denkverhaltens beginnt, das unser Ego umschließt. Im weiteren werden wir dann nicht nur der Komplexität des Denkprozesses gewahr, sondern auch der Bedeutsamkeit der Begriffe, die sich in Namen und Theorien ausdrückt. Und schließlich schaffen wir zwischen »diesem« und »jenem« einen Raum, der uns aufatmen läßt. Solcherweise können wir uns nun zur *Vajrayana*-Übung wenden, die uns in enge Verbindung mit dem lebendigen Erlebnis bringt. Diese drei Schritte sind im Grunde die drei Yanas: das Hinayana als »Fahrzeug der Methode«, das Mahayana als »Fahrzeug der Shunyata« und das Vajrayana oder Tantra als das »Fahrzeug der direkten Energie«.

Gemäß der Tradition des Tantrismus ist Energie in fünf Grundarten oder *Buddha-Familien* aufgeteilt: *Vajra, Ratna, Padma, Karma* und *Buddha.* Jeder Buddha-Familie ist ein Gefühl zu eigen, das im erweckten Zustand zu einem besonderen Aspekt der »Weisheit« transmutiert wird. Außerdem werden die Buddha-Familien mit Farben, Elementen, Landschaften, Himmelsrichtungen und Jahreszeiten assoziiert, kurzum, mit jeglichem Aspekt der phänomenalen Welt.

Vajra symbolisiert Ärger und wird zu spiegelartiger Weisheit umgewandelt. Wir ahnen etwas hinter dem wolkigen, besitzergreifenden und angriffslustigen Wesen des Ärgers, und diese intuitive Einsicht ermöglicht uns, seine Essenz mühelos in Präzision und Offenheit umzuwandeln, was besser ist als eine etwa bezweckte Änderung.

Vajra wird auch in Verbindung gebracht mit dem Element Wasser. Dunkle, turbulente Wasser symbolisieren die Verteidigungs- und Angriffsnatur des Ärgers, während klare, stille Wasser scharfe, exakte Reflexionen spiegelgleicher Weisheit andeuten.

Vajras Farbe ist weiß. Ärger ist ein elementarer Ausdruck für Selbstverteidigung; daher ist er gleich einem Bogen weißen Papiers, sehr flach und undurchsichtig. Aber er birgt auch die Möglichkeit des Glanzes und der Helligkeit des Rückstrahlens in sich, wie sie der spiegelgleichen Weisheit eigen ist.

Vajra ist mit dem Osten verbunden, der Dämmerung, dem Winter. Es ist kristallklarer Wintermorgen mit scharfen, glitzernden Eiszapfen. Die Landschaft ist nicht leer und verlassen, sondern voller gedankenträchtiger Klarsicht. Viele Dinge faszinieren den Beobachter. Beispielsweise haben Erde, Bäume und Pflanzen alle ihre eigene spezifische Art des Gefrorenseins. Bäume tragen ihre Schneemassen in verschiedenartiger Weise und reagieren verschieden auf die Kälte.

Vajra behandelt Objekte entsprechend ihrer Beschaffenheit und Beziehungen zueinander. Alles wird unter seinem eigenen Aspekt analysiert. Vajra-Intelligenz läßt nichts unerforscht und übersieht keine verborgenen Winkel. Es ähnelt einem See, der eine ganze Fläche bedeckt und dennoch durchsichtig bleibt.

Ratna ist Sinnbild für Stolz und Erde – Festigkeit, Berge, Hügel,

Pyramiden, Häuser. »Ich bin völlig in mir gefestigt. Ich bin, was ich bin.« Das ist eine stolze Selbstbetrachtung. Es bedeutet, daß man sich fürchtet, locker zu sein und deshalb ständig Verteidigungsmauern errichtet. Gleichzeitig ist Ratna die Weisheit des Gleichmuts, die all-durchdringend ist. Ob du auf diesem Grund Bauten aufführst oder alles läßt, wie es ist, bleibt sich völlig gleich – die Erde verändert sich nicht. Du fühlst dich weder besiegt noch bedroht. Solange du ein stolzes Wesen hast, fühlst du dich stets von der Möglichkeit des Versagens herausgefordert. Der Selbsterhaltungstrieb des Erleuchteten aber ist in Gleichmut umgewandelt. Er ist sich zwar immer noch des Urgrunds der Erde bewußt, fürchtet sich aber nicht mehr davor, ihn zu verlieren. Alles ist so offen, sicher und voller Würde, was bliebe da zu fürchten?

Ratna ist verwandt mit dem Süden und dem Herbst, mit Fruchtbarkeit und Fülle, nie endender Freigebigkeit. Ist die Frucht reif, fällt sie, mit dem Verlangen, gegessen zu werden, von selbst zur Erde. Ratna ist die große Spenderin. Köstlich und offen wie der späte Morgen. Seine gelbe Farbe gleicht den Sonnenstrahlen. Während Vajra mit Kristall verbunden scheint, sind es bei Ratna Gold, Bernstein und Saffran. Hierin manifestiert sich echte Erdennähe und der Sinn für Tiefe, während sich Vajra eher auf Gewebe als auf Tiefe bezieht. Ratna ist so reif und erdhaft wie ein gigantischer Baum, der, gestürzt am Boden liegend, bereits zu verwesen beginnt und Pilze und Kraut aus sich herauswachsen läßt, ein Stamm, in dem Tiere nisten können. Er färbt sich gelb und die Rinde beginnt abzubröckeln. Sie legt sein starkes, markiges Inneres frei.

Padma symbolisiert Leidenschaft, eine begehrende Art, das Verlangen zu besitzen. In der Leidenschaft liegt ein instinkthafter Trieb zum Eins-Werden und in etwas anderem völlig aufgehen zu wollen. Aber Leidenschaft hat auch hysterische, neurotische Züge, die das wirkliche Einssein ignorieren und statt dessen besitzen wollen, um vereinigt zu werden. Damit vereitelt Leidenschaft ihre eigene Absicht. Im Falle kritischer Wahrnehmung, dem Weisheitsaspekt der Leidenschaft, erkennt man klar und deutlich die Natur von »dieses« und »jenes«; mit anderen Worten, es kommt zu Kommunikation. Dieses Gewahrsein erkennt die Tatsache des Einsseins vorbehaltlos an, im wesentlichen Unterschied zu der dualistischen Einstellung von »dieses« und »jenes«, die nur an Selbsterhaltung denkt. Begehren, das verzehrende Feuer, ist durch die unterscheidende Erkenntnis der Weisheit zur Vereinigung geworden.

Padma ist mit dem Westen verbunden, seine Farbe rot. Rot überstrahlt jede andere Farbe, sie ist herausfordernd, lockt dich an. Sie ist mit dem Element des Feuers verwandt, das nicht danach fragt, welche Dinge es ergreift und verbrennt. Im erweckten Zustand aber wird die Hitze der Leidenschaft in die Wärme des Mitempfindens umgewandelt.

Padma ist mit dem Vor-Frühling vergleichbar, wenn die Härte des Winters eben nachläßt und ein Ahnen des Sommers bringt. Eis schmilzt, und die Schneeflocken werden wässerig. Padma hat etwas von Fassade an sich, es ist ohne Gefühl von Festigkeit, hat nur mit Farben, blendenden Eigenschaften und Sonnenuntergängen zu tun. Sichtbare Eigenschaften an der Oberfläche sind ihm wichtiger als inneres Wesen. Padma ist mehr Kunst als Wissenschaft oder praktisches Denken. Es ist wie ein ansprechender Ort, wo Wildblumen blühen auf einem Hochplateau, oder wie eine Wiese mit verstreuten Felsbrocken, auf der sich Jungtiere tummeln.

Karma ist verwandt mit dem Gefühl von Eifersucht, Neid und dem Element des Windes. Jedoch sind Eifersucht und Neid nicht ausreichend, um die Eigenschaften Karmas genau zu beschreiben. »Akuter Irrsinn« wäre wahrscheinlich eine gute Formulierung dafür. Du hast das Gefühl, keins deiner Ziele zu erreichen und wirst irritiert von dem, was anderen gelingt. Du fühlst dich zurückgesetzt und kannst es nicht ertragen zu sehen, wie andere dich überholen. Diese Furcht, dieses Mißtrauen gegen dich selbst, ist mit dem Element des Windes verwandt. Wind bläst nie gleichzeitig von allen Seiten, sondern immer nur aus einer Richtung. So auch die Eingleisigkeit des Irreseins und des Neides.

Karma trägt in sich die Weisheit der zielgewissen Aktion. Schwindet die Verstörtheit, so bleiben doch Energie, Urteilsschärfe und Offenheit. Der aktive Aspekt des Windes bleibt sozusagen erhalten, und somit berührt Karma auf seinem Wege alles mit der eigenen Aktivität. Die Aktion ist der jeweiligen Situation angemessen und schöpft jede Möglichkeit aus.

Karma erweckt die Vorstellung vom nördlichen Sommer. Seine Wirksamkeit verbindet es mit dieser Jahreszeit, in der alles wächst und seine Funktion erfüllt. Millionenfache ineinander verwobene Naturvorgänge vollziehen sich: lebendige Dinge wie Pflanzen, Insekten, Tiere wachsen, Unwetter ziehen herauf, und in gewissem Sinne findest du niemals Zeit, dich des Sommers zu erfreuen, weil dauernd rings um dich her etwas im Sinne der Selbsterhaltung geschieht. Karma ähnelt auch dem späten Frühling, ist aber fruchtbarer und trägt Vorsorge für den Augenblick kommender Vollendung. Seine Farbe ist das Grün der Pflanzen und Gräser, der sprossenden Energie. Während das sommerliche Karma noch in allmählich verebbenden Geburtswehen liegt, hat Ratna, der Herbst, bereits das Zepter übernommen: Alles ist vollendet worden.

Karmas Stimmung ist wie Sonnenuntergang, Dämmerung, später Tag und frühe Nacht.

Buddha wird mit Stumpfheit assoziiert und hat eine all-durchdringende Eigenschaft, weil es alle restlichen Emotionen umschließt. Der aktive Faktor in dieser Stumpfheit ist sein gänzliches Ignorieren dessen, was es nicht zu sehen wünscht; es ist ein einfaches Übersehen und Selbst-Erfüllt-Sein, in völliger Entspannung. Lieber willst du in deiner Stumpfheit verharren, als nach irgend etwas suchen müssen, und diese totale Unbeteiligtheit überträgt sich auch auf alle anderen Gefühle.

Die Weisheit in Buddha ist mit dem all-umfassenden Raum verbunden. Seine Statik dient als Grundlage, aber ein Funke von Zweifel und Trägheit in dieser Stumpfheit wird in Weisheit umgewandelt, die eine enorme Energie und Intelligenz in sich birgt, die alle anderen Elemente, Farben und Gefühle durchdringt, erfüllt, und den Rest der Fünf Weisheiten aktiviert.

Buddha ist die Basis. Es ist wie der Sauerstoff im Raum, der die Funktionen der anderen Prinzipien erst ermöglicht. Es ist von beruhigender, beständiger Art. Ratna ist ebenfalls solide und erdgebunden, aber nicht so statisch und stumpf-erdhaft wie Buddha. Buddha ist irgendwie einsam und raumweit, ein Lagerplatz, von dem nur noch die Feuerstatt geblieben ist. Es scheint, als sei er vor langer Zeit einmal bewohnt gewesen, nun aber ist niemand mehr hier. Die Bewohner sind nicht vertrieben worden, sie sind einfach fortgegangen. Die Stimmung gleicht der in Höhlen, in denen Indianer zu leben pflegten. Sie scheinen der Vergangenheit anzugehören, haben aber nichts Wesentliches hinterlassen. Alles ist ziemlich eintönig und flach wie eine Ebene. Buddhas Farbe ist blau, wie die kühle weltüberspannende Farbe des Himmels.

F: Wie passen die Bilder Buddhas, die *yidams,* rachsüchtigen Götter und ähnliche Symbole zum spirituellen tibetischen Pfad?

A: Leider herrschen mancherlei Mißverständnisse hinsichtlich tibetischer Ikonographie, und wir sollten hier wohl einmal kurz über ihre Struktur und den Symbolismus im Tantra sprechen. Es gibt eine sogenannte »Ikonographie des Guru«, die vom Verhaltensmuster des Pfades beeinflußt ist, nämlich dem Faktum, daß du dich vor Beginn jeglicher Unterweisung willig hingeben und öffnen mußt. Um hierzu fähig zu sein, mußt du dich selbst mit der Fülle und dem Reichtum des Lebens identifizieren. In diesem Falle bedeutet Hingabe nicht ein Entleertsein im Sinne von Shunyata-Leere, die ein gereifteres Erlebnis ist. Hier im Anbeginn der Pfadwanderung bedeutet es, ein leeres Gefäß zu werden, und zugleich auch eine Identifizierung mit Fülle und Reichtum der Lehren. Daher tragen die Gurus solcher Abkunft symbolisch ornamentreiche Roben, Hüte und Zepter und halten weitere Ornamente in ihren Händen.

Weiterhin gibt es die Ikonographie der Yidams, die mit dem Tantrismus verbunden ist. Yidams sind verschiedene Aspekte der Fünf Buddha-Prinzipien von Energie. Dargestellt werden sie als männliche *herukas* und weibliche *dakinis*, und sie können sowohl kriegerisch wie friedliebend sein. Ihr kriegerischer Aspekt wird assoziiert mit gewaltsamer und wahlloser Umwandlung. Die friedvollen Yidams bewirken Umwandlung durch Evolution; das heißt – alle Verwirrung wird nach und nach befriedet und schwindet schließlich völlig.

Die Yidams tragen die Kostüme von *rakshasas*, die in der indischen Mythologie als Vampire in der Gefolgschaft Rudras, des Königs der Maras, erscheinen. Der darin enthaltene Symbolismus erzählt uns, wie die Unwissenheit – durch Rudra symbolisiert – ihr Reich geschaffen hat, und wie nun die Weisheit auf dem Plan erscheint, dies Reich zerstört und den Herrscher mit seinem Gefolge der schönen Gewänder beraubt. Die Gewänder der Yidams symbolisieren hier die Umwandlung des Ego in Weisheit, und die Fünf-Schädel-Krone, die sie tragen, ist Sinnbild der Fünf Emotionen, die in die Fünf Weisheiten umgewandelt worden sind. Diese Gefühle sind nicht abgestreift, sondern werden nun als Ornamente getragen. Ferner ist da der mit drei Köpfen verzierte dreizackige Speer, *trishula*, den die Yidams tragen: mit einem frischen Kopf, einem geschrumpften und dem eines Skeletts. Der frische Kopf versinnbildlicht heiße Leidenschaft, der geschrumpfte kalten Ärger und Hartnäckigkeit, gleich zähem Fleisch, und das Skelett lediglich Stumpfheit. Die Trishula selbst ist ein Ornament, das die Transzendenz dieser drei Impulse darstellt. Zusätzlich hat der dreizackige Speer drei Spitzen, die die drei Grundprinzipien des Seins verkörpern: Shunyata, Energie und Fähigkeit zur Manifestation. Das sind die drei »Körper« Buddhas, die Drei Kayas: Dharmakaya, Sambhogakaya und Nirmanakaya. All diese Ornamente der Yidams, wie Knochengebilde, Schlangen und andere, sind Synonyme für die verschiedenen Aspekte des Pfades. Beispielsweise tragen sie eine Girlande von einundfünfzig Schädeln, welche die Transzendenz von den einundfünfzig Arten des Denkverhaltens repräsentieren, die in der Hinayana-Doktrin *Abdhidharma* diskutiert werden.

In der tantrischen Praxis identifiziert man sich mit einem Yidam aus einer speziellen Buddhafamilie seiner Herkunft entsprechend.

Gehört ein Yidam beispielsweise der Ratna-Familie an, dann ist sein Gewand von gelber Farbe und trägt die charakteristischen Embleme Ratnas. Die Arten von Mandalas, die du von deinem Lehrer erhältst, haben auch mit der Familie, der du angehörst, zu tun – je nachdem es eine leidenschaftliche oder eine stolze Familie ist oder die Eigenschaften von Luft und Wasser in dir leben. Gewöhnlich kann man fühlen, wie bestimmte Menschen eine gewisse Erdhaftigkeit an sich haben, andere wiederum gleichen der Luft, wirbeln hier- und dorthin, und wieder andere tragen in sich Wärme, wie feuerverbunden. Die Mandalas werden dir gegeben, damit du dich mit dir selbst und jenen spezifischen Gefühlen identifizieren kannst, die möglicherweise in Weisheit umzuwandeln sind. Zuweilen versuchst du, dir diese Yidams zu vergegenwärtigen, doch wird es dir nicht sofort gelingen. Es beginnt mit dem Gewahrwerden der Shunyata, und dann entwickelt sich in dir eine vage Vorstellung. Du sprichst dir ein Mantra vor, das in Verbindung mit diesem Gefühl steht. Um die Kraft des Ego zu schwächen, mußt du in gewissem Sinne eine Verbindung zwischen dieser imaginären Anwesenheit und dem Beobachter deiner selbst, dem Ego, herstellen. Das Mantra ist dieses Bindeglied. Nach der Mantra-Übung jedoch löst du die visionäre Erscheinung oder Form in eine bestimmte Lichtfarbe auf, die dem besonderen Yidam entspricht und beendest deine Visualisierung schließlich wieder mit der Wahrnehmung der Shunyata. Wesentlich ist hierbei, daß diese Yidams nicht von außen her wirkende Kräfte personifizieren, die dich retten wollen, sondern ein Ausdruck deiner wahren Natur sind. Du identifizierst dich mit den Eigenschaften und Farben der fraglichen Yidams, fühlst die Tonschwingungen, die von dem Mantra kommen, und beginnst dir endlich klar zu werden, daß deine wahre Natur unüberwindlich ist. So wirst du eins mit dem Yidam.

In *Maha Ati,* dem höchsten Tantra, fällt jedes Gefühl von Identifizierung fort, und man wird eins mit seiner wahren Natur. Nur die Energien und Farben bleiben. Zuvor durchschautest du Vorstellungen und Laute als leere Hüllen, jetzt wirst du dir ihres wahren Wesens bewußt. Es ist die Idee des Zurückkehrens zu Samsara, das in der Zen-Tradition durch Bilder von Ochsenherden dargestellt wird: du hast keinen Menschen, hast keinen Ochsen, und am Ende mußt du wieder in die Welt zurück.

Als drittes gibt es die Ikonographie der »beschützenden Götter«. In der Identitätsübung mit einem bestimmten Yidam mußt du ein Gespür entwickeln, das dich aus verwirrtem Zustand zu deiner wahren Natur zurückbringt. Du brauchst einen plötzlichen Schock, der von den schützenden Göttern in grimmer Form dargestellt wird. Es ist ein zorniger Impuls, denn es bedarf eines Sprunges, und dieser Sprung erfordert besondere Kraft, um das Verworrene zu durchbrechen. Du mußt den ersten Sprung, der dich aus dieser Bedrängtheit in die Offenheit führt, wagen, ohne zu zögern und die Hemmung auf diesem Pfad überkommen. Darum gilt die Gottheit als beschützend. Ihr »Schutz« befaßt sich nicht mit deiner Sicherheit, aber er wird dir zum Wegweiser und läßt dich nicht abirren. Es gibt da als göttlichen Hüter *Mahakala,* den sechsarmigen, schwarzen Mahakala, der auf einem *Ganesha* – einem Gott mit Elefantenkopf – steht, der das Unterbewußte symbolisiert, dessen zeitweiliges Abschweifen eine Art Trägheit ist, die dich von der Konzentration ablenkt und veranlaßt, andere Gedankenwege zu gehen. Welcher verstrickten Art sie auch sein mögen, Mahakala führt dich zur Offenheit zurück. Der Sinn in diesem Symbolismus ist, daß der Mahakala dein unterbewußtes Geschwätz unterdrückt.

Allgemein gesehen umfaßt die buddhistische Tantra-Ikonographie diese drei Gruppen: die Darstellungen der Gurus, der Yidams und der schützenden Götter. Die der Gurus bringen den Reichtum des Erbes zum Ausdruck; die Yidams ermöglichen dir, dich mit deiner eigenen Natur zu identifizieren, und die schützenden Götter erscheinen als die Mahnenden. Die Yidams und die schützenden Götter sind gewöhnlich in verschiedenen Stadien von Zorn dargestellt, je nach der Intensität der Wahrnehmung, die nötig ist, dich deine wahre Natur sehen zu lassen.

Der Ärger der zornigen Yidams wird in der tantrischen Terminologie als *vajra-Ärger* bezeichnet, denn er ist von Tathatas Art; es ist ein Ärger ohne Haß und damit lediglich dynamische Energie. Diese besondere Energie ist unüberwindlich und unzerstörbar, in welcher Weisheit sie auch wirken mag, denn sie ist eine Ur-Eigenschaft. Sie unterliegt keinem Wandel von Geburt und Tod; sie wird stets als ärgerlich, grimmig und kriegerisch dargestellt.

F: Wie vollzieht sich die Umwandlung?

A: Im Verstehen von Shunyata und darauf folgend durch die plötzliche Entdeckung von Energie. Du wirst dir bewußt, daß du nichts mehr aufzugeben hast; du erkennst die deiner Lebenssituation und Art zugrundeliegende Weisheit. Überkommt dich eine starke Gefühlsaufwallung wie etwa Ärger, erfährst du in einem plötzlich sich auftuenden Blick in die Offenheit – das ist Shunyata –, daß du es nicht nötig hast, deine Energien zu unterdrücken. Du brauchst nicht deinen Ärger hinunterzuschlucken, um gleichmütig zu erscheinen, du kannst deine Angriffslust in dynamische Energie transformieren. Es ist lediglich eine Frage, wie weit du dich schon geöffnet hast und inwieweit du willens bist, es zu tun. Liegt für dich in einem explosiven Ausstoß deiner Energie nur geringe Befriedigung, so ist die Möglichkeit, sie umzuformen, größer. Du brauchst dich nicht von Grund auf zu ändern, kannst aber im erweckten Stadium einen Teil deiner Energie nutzen.

F: Worin liegt der Unterschied zwischen Jnana und Prajna?
A: Man kann Weisheit nicht als eine äußere Erfahrung ansehen. Hierin liegt der Unterschied zwischen Weisheit und Wissen – Jnana und Prajna. Prajna ist relatives Wissen, Jnana hingegen ist Weisheit über alles Relative hinaus. Mit Weisheit bist du völlig eins, du kannst sie nicht als etwas Gelerntes oder Erfahrenes ansehen.

F: Und wie transformiert man Gefühl? Wie bringt man das zuwege?
A: Nun, das ist mehr eine persönliche als eine generelle Frage. Tatsache ist, daß wir ja unsere Gefühle nicht wirklich ergründet haben, obschon wir es glauben. Du hast sie nur in bezug auf dich selbst und deinen Ärger erfahren, in bezug auf dich und deine Wünsche. Dieses Selbst ist hier von zentraler Bedeutung. Gefühle spielen die Zuträger und Boten. Anstatt Gefühle als von dir abgesondert und sozusagen als ungebärdige Untergebene zu empfinden, mußt du ihre wirkliche, lebendige Qualität fühlen. Haß und Verlangen in physischer Weise freien Lauf zu lassen, ist nur ein Versuch, deinen Gefühlen zu entkommen und genauso, als ob du sie unterdrückst. Fühlt man diese Emotionen jedoch in ihrer Unmittelbarkeit, so offenbaren sie einem die letzte Wahrheit. Man beginnt die gleichzeitig ironischen und tiefen Aspekte seines Fühlens, wie es wirklich ist, zu sehen. Damit findet automatisch der Prozeß ihrer Umwandlung in Weisheit statt. Aber wie schon gesagt, es ist dies eine persönliche Frage; wir müssen uns selbst dazu aufraffen, unseren Gefühlen aufgeschlossen zu begegnen und im wörtlichen Sinne mit ihnen zu arbeiten, um eine Idee von der ihnen eigenen, inneren Struktur zu gewinnen. Dann entdecken wir, daß sie gar nicht so existieren, wie sie scheinen, sondern viel Wissen und Offenheit enthalten. Wir denken, daß Kämpfen und Töten ein Ausdruck für Ärger ist, aber tatsächlich ist dies nur eine andere Art von Ausflucht, nämlich ein Loslassen statt eines Erfahrens von Gefühlen.

F: Wenn Gefühle umgewandelt sind, bedeutet das doch wohl nicht, daß sie verschwinden, nicht wahr?

A: Nicht unbedingt, sie sind in andere Energieformen umgewandelt. Würden wir versuchen, gut und friedfertig zu sein und dabei unsere Gefühle unterdrücken, läge in unserer Handlungsweise eine Vergewaltigung unseres Ego. Wir forcieren dann unsere Gefühle, sich auf Friede und Güte umzustellen. Geben wir diesen Versuch, sie zu ändern, aber auf, so erfahren wir sie in ihrer wahren Natur, und dann kann eine Transmutation erfolgen. Jedes irritierende Element wird umgeformt, sobald du es so erfaßt, wie es ist. Dieser Vorgang aber bedeutet keineswegs ein Ausschalten der Energie, sondern nur ihre Überführung in den Zustand von Weisheit.

F: Und was läßt sich über den sexuellen Tantra sagen? Ist dies ein Prozeß, sexuelle Energie in etwas anderes zu verwandeln?

A: Hierfür gilt das gleiche. Wenn Leidenschaft oder Verlangen in offene Kommunikation transformiert wird – wie in einen Tanz –, dann entwickelt sich hieraus zwischen zwei Menschen eine schöpferische Verbindung, die weder stagnierend noch irritierend für sie ist.

F: Ist das Prinzip der Transmutation auch auf *Sattva-*, *Rajas-* und *Tamas-*Energie anzuwenden, wie sie in der Hindu-Tradition beschrieben sind? Man will ja wohl nicht Tamas-Energie in Rajas-Energie umwandeln, sondern sie nehmen, wie sie ist, und gebrauchen.

A: Ja, das ist richtig, und es ist tatsächlich sehr vernünftig. Im allgemeinen machen wir zuviele Pläne und sagen: »Wenn ich einmal viel Geld verdient habe, dann gehe ich irgendwohin, um zu studieren und meditieren und werde ein Priester«, oder was uns sonst am Herzen liegt. Aber wir führen es nie sofort aus. Wir sprechen nur davon im Sinne von »wenn ich einmal das und das tue, dann ...«. Wir planen stets zuviel, wünschen unser Leben zu ändern, anstatt unser Leben im Augenblick und als Teil unserer Übungen zu nutzen, und dieses unser Zaudern hindert uns in der spirituellen Praxis. Die meisten von uns haben romantische Ideen. – »Ich bin gegenwärtig noch schlecht, aber eines Tages, wenn ich mich ändere, werde ich gut sein.«

F: Kommt das Prinzip der Umwandlung auch in der Kunst zum Ausdruck?

A: Ja. Wie wir alle wissen, sind einander ähnelnde Kombinationen von Farben und Mustern von Menschen verschiedenster Kulturen in den verschiedensten Zeitepochen geschaffen worden. Spontane, expressive Kunst hat universelle Merkmale. Die Wahl von Grün für freie Fahrt und Rot für Stop und Gefahr zeigt eine Art Universalität im Effekt von Farbe.

F: Wie steht es mit Tanz und Theater?

A: Es ist das gleiche. Das Problem in jeder Kunst ist, daß im Augenblick, wo du zu sehr darauf bedacht bist, ein Kunstwerk zu schaffen, es aufhört, ein Kunstwerk zu sein. Ist der Künstler jedoch völlig von seinem Werk absorbiert, mag ein Meisterwerk zustandekommen; und zwar ist es das Unterbewußtsein, was es ihn schaffen läßt. Es fragt nicht – alles Schöpferische erfordert eine Art von Trance.

F: Wie können Furcht oder Wahnvorstellungen, die den freien Impuls behindern, in Aktion umgewandelt werden?

A: Es bedarf keiner besonderen Tricks, um dies oder jenes zu überkommen. Es ist eine Frage des Sprunges. Wenn ein Mensch tatsächlich versteht, daß er sich in einem Wahnzustand befindet, deutet das auf ein unterliegendes, unbewußtes Verstehen der anderen Seite, des anderen Aspekts in seinem Gehirn hin. Dann wird er wirklich springen müssen. Wie man den Sprung zuwege bringt, läßt sich schwer erklären; man muß es einfach tun. Es ist so, als werde man plötzlich über Bord in einen Fluß gestoßen und entdeckt, daß man schwimmen kann; und so schwimmt man einfach hinüber zum anderen Ufer. Würdest du jedoch zum Fluß zurückkommen, um Schwimmübungen zu machen, würdest du entdecken, daß du gar nicht schwimmen kannst. Es ist eine Frage impulsiver Handlung; und so läßt sich der Sprung auch nicht mit Worten erklären, es geht über Worte hinaus. Was du jedoch tun kannst, wenn du wirklich willens dazu bist, ist, dich in die Situation des Sprunges hineinzumanövrieren und dich dann ihm hinzugeben.

F: Wenn man in große Angst gerät und sich seiner Reaktion durchaus bewußt ist, sich aber nicht davon überwältigen lassen, sondern kaltblütig bleiben will – was kann man da tun?

A: Zunächst gilt es festzustellen, ob solche Energie vorhanden ist, wie sie auch die Energie für den Sprung wäre. In anderen Worten: statt vor Angst davonzulaufen, müßte man sich völlig in sie hineinvertiefen, um ihre atembeklemmende Wesensart zu spüren.

F: Du meinst also, ein Kämpfer werden?

A: Ja. Anfangs mag es hinreichend beruhigend sein, die Absurdität dieses Gefühls zu erkennen, und schon das würde sie eliminieren. Aber es genügt noch nicht, um das Transmutations-Prinzip des Vajrayana zu erfüllen. Man muß auch das darin immanente Prinzip von »Form ist Form« sehen. Kannst du deine Gefühle von dem Standpunkt »Form ist Form – Emotion ist Emotion« aus behandeln, ohne Attribute hinzuzufügen, dann bist du bereit zum Sprung. Dann bedarf es keines großen Aufwandes mehr, denn du bist sozusagen bereits gesprungen. Allerdings besagt das keineswegs, daß du im Ärger einfach fortläufst und einen Mord begehst.

F: Das heißt mit anderen Worten also, daß man die Gefühle als das akzeptiert, was sie sind, anstatt sich in einer kopflosen Reaktion auf die Situation zu verlieren.

A: Gewiß. Man sieht ja seine eigenen Gefühle nicht im richtigen Licht, obschon man völlig von ihnen erfüllt ist. Wenn wir ihnen folgen und etwas tun, um ihnen zu entkommen, erfahren wir ihr Wesentlichstes nicht. Wir versuchen, ihnen zu entkommen oder sie zu unterdrücken, weil wir einen solchen Zustand nicht länger ertragen können. Die Vajrayana-Lehre aber fordert im Gegensatz hierzu von uns ein tiefes Einfühlen, um ihrem Wesen auf den Grund zu kommen. In Wirklichkeit brauchst du gar nichts umzuformen; du siehst die Gefühle schon in ihrer Eigenart umgeformt als »Form ist Form«.

F: Wie fügt sich Milarepas Leben in diese Tantra-Auffassung ein? Mir scheint, als übe er keine Transmutation, sondern finde Genüge in Entsagung.

A: Gewiß, in seinem Lebensstil ist Milarepa ein klassisches Beispiel für die Entsagungs-Tradition der Yogis. Wenn wir jedoch an Entsagung denken, verbinden wir dies gewöhnlich mit der Vorstellung, daß jemand dem »Bösen« im »weltlichen« Leben entfliehen will. Doch ist dies bei Milarepa durchaus nicht der Fall. Er versuchte keineswegs, das »Böse« in sich zu unterdrücken, indem er in der Einsamkeit meditierte. Er schloß sich nicht von allem ab und suchte auch nicht, sich selbst zu peinigen. Seine Askese war lediglich ein bestimmter Charakterzug an ihm, genauso wie unser Lebensstil ein Ausdruck dessen ist, was wir sind. Milarepa wollte nur schlicht sein, und so führte er ein einfaches Leben.

Gewiß lebt in manchen Menschen, die dem religiösen Pfad folgen, eine Tendenz, für eine Weile das Weltliche zu meiden. Milarepa war darin keine Ausnahme. Aber das kann man auch mitten in einer Großstadt tun. Reiche Leute geben zuweilen viel Geld aus, um an einem religiösen »Trip« teilzunehmen. Aber früher oder später muß, wer wirklich den Lehren folgen will, wieder in die Welt zurückkehren. Während Milarepa in Zurückgezogenheit meditierte, lebte er sehr frugal. Aber durch Zufall kamen eines Tages Jäger vorbei, die ihm frisches Wildbret abgaben. Er aß davon, und seine Meditation verbesserte sich unmittelbar danach. Und später, als er noch zögerte, in sein Dorf zurückzukehren, kamen einige Dorfbewohner zu seiner Höhle und baten um Unterweisung. Ständig wurde er wie durch ein zufälliges Spiel von Lebenssituationen aus seiner Klausur gezogen, so als läge es in Natur und Wesen des Guru, sich selbst darzubieten. Wir mögen in Meditation versunken in unserer Großstadtwohnung sitzen und uns »erhoben«, euphorisch und »geistig« vorkommen, aber sobald wir aufstehen, auf die Straße hinuntergehen und jemand tritt uns auf die Zehen, dann müssen wir damit fertig werden, und dies bringt uns zur Gegenwart und in unsere Welt zurück.

Für Milarepa war der Umwandlungsprozeß von Gefühlsenergien ein stetes und intensives Erlebnis. Wenn wir *»Die Hunderttausend Gesänge Milarepas«* lesen, sehen wir, daß der ganze erste Teil des Buches von seinen Erfahrungen aus diesem Prozeß handelt. In der »Erzählung vom roten Juwel-Tal« hatte er Marpa erst kurz zuvor verlassen und sich aufgemacht, allein zu meditieren. Man kann dies als seine »Pubertät« bezeichnen, denn er brauchte immer noch die Anlehnung an einen persönlichen Guru. Marpa war nach wie vor sein »Papa«, dem er sich geöffnet und ergeben hatte, und er mußte noch lernen, seine Gefühle zu transmutieren. Noch hingen ihm die Begriffe »gut« oder »böse« an, und die Welt erschien ihm in der Verkleidung von Göttern und Dämonen.

Nach dieser Erzählung kehrte Milarepa in seine Höhle zurück, nachdem ihm die beruhigende Vision Marpas erschienen war, und sah sich dort plötzlich von einer Horde Dämonen umgeben. Er versuchte alles, um sie loszuwerden, bedrohte sie, schmeichelte ihnen, ja er predigte ihnen sogar das Dharma. Aber sie verließen ihn nicht, nicht eher, als bis er aufgehört hatte, sie als »schlecht« anzusehen und begann, sich ihnen zu öffnen und sie als das erkannte, was sie waren. Es war dies der Beginn einer Periode, in der er lernte, sich die Dämonen dienstbar zu machen, und das ist das gleiche, wie Gefühle zu transmutieren. Unsere Gefühle schaffen in uns Dämonen und Götter; erstere wünschen wir aus unserem Leben fernzuhalten;

was uns anzieht und lockt sind nur die Götter und Göttinnen. Alles übrige ist lediglich Szenerie.

Mit der inneren Bereitschaft, Dämonen und Götter als das zu akzeptieren, was sie sind, verwandelte Milarepa sie, und sie wurden zu *dakinis,* oder Lebensenergien. Der ganze erste Teil der *»Hunderttausend Gesänge«* spricht von seiner Meisterschaft in der Transmutation und seiner wachsenden Fähigkeit, sich der Welt zu öffnen, wie sie ist, bis er schließlich im Kapitel »Der Angriff der Göttin Tseringma« alle Dämonen besiegt. In diesem Kapitel sammeln sich tausend Dämonen zum Angriff auf Milarepa während seiner Meditation, aber er predigt ihnen, ist offen und aufnahmebereit, sogar bereit, ihnen sein ganzes Sein zu opfern, und dadurch werden sie bezwungen. Einmal geschieht es, daß fünf weibliche Dämonen für ihn, in der Erkenntnis, ihn nicht ängstigen zu können, singen:

Hat der Gedanke an Dämonen
niemals dein Hirn durchkreuzt
brauchst du sie nicht zu fürchten,
denn in dir lebt der Friede ...
Auf dem steilen Pfad von Angst und Hoffnung
nur lauern sie in steter Bereitschaft ...

Und später sagt Milarepa selbst: »Soweit es das Höchste oder die wahre Natur des Seins angeht, gibt es weder Buddhas noch Dämonen. Wer sich freimachen kann von Furcht, Hoffnung, Sünde und Tugend, wird gewahr, wie substanzlos und unbegründet das Wesen aller Verwirrung ist. Samsara wird dann wie die Mahamudra selbst erscheinen ...«

Der restliche Teil der »Hunderttausend Gesänge« handelt dann von seiner Entwicklung als Lehrer und dem Verhältnis zu seinen Schülern. Gegen Ende seines Lebens hatte er den Umwandlungsprozeß bis zu einem Grade vervollkommnet, daß man ihn nun einen *Vidyadhara,* »einen Wissensbewahrer«, nennen konnte. Die Winde von Hoffnung oder Furcht konnten ihn nicht länger zum Schwanken bringen. Götter und Dämonen, seine Leidenschaften in äußerlicher Projektion, waren endgültig überwunden und transmutiert. Nun war sein Leben ein nicht-endender Tanz mit den Dakinis.

Schließlich erreichte Milarepa sein letztes und höchstes Stadium, genannt »alter Hund«. Die Menschen konnten auf ihm herumtreten, ihn als Weg und Erde benutzen; er war und blieb da. Er hatte seine eigene individuelle Existenz transzendiert. Wenn wir seine letzten Schriften lesen, überkommt uns deshalb ein Empfinden von Milarepas Universalität, dem Beispiel der Erleuchtung.

Abbildungsverzeichnis

Inhalt

དམ་པའི་དོན་ཞི་འཛིགས་པ་མིད